태도는 카피가 안 된다

AI시대, 당신만의 진짜 경쟁력

스펙보다 사람, 실력보다 태도!

태도는 카피가 안 된다

AI시대, 당신만의 진짜 경쟁력 **김을호** 지음

힘찬북스

목차

프롤로그 ● 12

제1장 ∥ 태도는 인격의 얼굴이다
"태도는 머리의 각도가 아니라 마음의 각도다."

01. 태도는 머리의 각도가 아니라 마음의 각도다 ● 18
02. 마음의 온도가 사람을 만든다 ● 25
03. 품격은 말이 아니라 태도에서 시작된다 ● 31
04. 안 보여도 느껴지는 힘, 태도와 인성의 온도 ● 38
05. 세상은 스펙이 아니라 자세로 평가한다 ● 44

제2장 ∥ 본질은 드러난다
"왜 태도와 인성이 중요한가?"

01. 모방 가능한 시대, 유일무이한 경쟁력 ● 52
02. 카피 가능한 사람과 불가능한 사람의 차이 ● 59
03. 기술은 흉내 낼 수 있어도 성품은 어렵다 ● 66
04. 디지털 시대, 인간성을 잃지 않는 법 ● 74
05. 진정성이 만드는 신뢰의 가치 ● 82

제3장 ‖ 태도는 운명을 바꾼다
"태도는 실력보다 먼저 읽힌다."

01. 태도는 실력보다 먼저 읽힌다 ● 90
02. 어떤 상황에서도 예의는 무기다 ● 98
03. 감정 조절은 인격의 표현이다 ● 105
04. 실패를 대하는 태도가 미래를 만든다 ● 113
05. 넘어진 자리에서 배우는 지혜 ● 121

제4장 ‖ 인성은 태도의 뿌리다
"보이지 않는 힘, 인성이 태도를 만든다."

01. 인성은 태도의 뿌리다 ● 132
02. 왜 조직은 인성을 먼저 보는가 ● 140
03. 겉보다 속, 무엇이 나를 정의하는가 ● 147
04. 인성은 습관이요, 태도는 표현이다 ● 155
05. 평판 시대의 성공 요인, 태도와 인성 ● 163

제5장 ∥ 태도가 만드는 관계의 품격
"겸손과 감사, 품격의 마지막 완성"

01. '될 놈은 된다'는 태도가 아니라 '하려는 태도' ● 172
02. 긍정적 태도의 전염력 ● 180
03. 비판을 대하는 자세의 품격 ● 188
04. 감사하는 태도가 만드는 기회 ● 196
05. 겸손함이라는 고귀한 태도 ● 204

에필로그 ● 212

태도는
카피가 안 된다

AI시대, 당신만의 진짜 경쟁력

스펙보다 사람, **톨보다 태도다!**

프롤로그
복제할 수 없는 가치

"성공의 비결이 무엇인가요?"

오늘도 사람들은 끊임없이 성공을 갈구하고, 서점 한편에는 수많은 자기계발서가 저마다의 답을 외칩니다. 이 길이 정답이고, 이 방법만이 살길이라고. 하지만 진짜 그럴까요? 누군가가 만든 성공 공식을 따라 하기만 하면 나도 그와 같아질 수 있을까요?

세상에는 만 가지 성공이 있고, 그만큼 길이 존재합니다. 저 역시 어디로 가야 정답을 찾을 수 있을지 몰라 방황했던 시절도 있었습니다. 그 수만 갈래 길모퉁이에서 오랜 시간 헤매다 보니 문득 깨달은 사실이 하나 있습니다.

태도는 카피가 안 된다.
그리고 이 한 줄이 제 인생을 바꿨습니다. 우리는 성공으로 가는 길을 찾기 전에 먼저 물어야 할 질문 하나가 있었습니다.

나는 어떤 사람인가?
내 안에는 무엇이 있는가?

정작 물어야 할 질문에는 답도 하지 못하고 다른 사람의 뒤를 따라가느라 하루가 바쁩니다. 성공한 사람의 겉모습만 흉내 내는 거지요. 성공한 이들의 기술, 지식, 말투, 행동까지. 롤모델의 외적인 능력을 따라 하면 언젠가 나도 그렇게 될 거라 믿으면서 말이지요. 하지만 단언컨대 틀렸습니다. 내면에서 우러나오는 나만의 본질, 정신적 역량을 찾지 못하면 결코 진짜 성공에 다가갈 수 없을 겁니다.
리더십, 추진력, 결단력, 끈기, 책임감… 세상이 말하는 성공의 조건들은 끝이 없습니다. 하지만 현실적으로 생각해 보면, 이 모든 역량을 완벽하게 갖춘다는 것은 불가능에 가깝습니다. 우리는 이미 아주 바쁘고, 충분히 지쳐 있으니까요. 그래서 저는 조금 다르게 접근하고 싶습니다. 수많은 조건 중에서 정말 핵심적인 것만 추려낸다면 어떨까요? 제 경험상, 단 두 가지만 제대로 갖춰도 성공의 문턱에 설 수 있다고 믿습니다.

예절 예(禮), 지혜 지(智)

예지는 제 딸의 이름이기도 합니다. 이름 안에 담긴 '예절'은 형식적인 매너만을 의미하지는 않습니다. 타인을 존중하는 마음에서 자연스럽게 우러나오는 태도를 의미합니다. '지혜' 역시 단순한 지식의 축적이 아닙니다. 삶의 경험과 깊은 성찰을 통해 얻어지는 통찰력을 뜻하지요.

아들 이름에도 '예절 예(禮)'를 넣었습니다. 그리고 '도울 찬(贊)'을 더해 '예찬'이라고 지었어요. 예의를 갖추고 타인을 돕는 사람. 자신만의 성공에 머물지 않고, 다른 이들과 함께 성장하는 사람. 그것이 제가 아이들에게 바라는 모습이기 때문입니다.

태도는 지식이나 기술로 환원될 수 없습니다. 마치 나침반처럼 우리가 나아갈 방향을 알려주거든요. 우리는 두 발로 어디든 갈 수 있지만 방향을 모른다면 평생 길 위에서 헤맬 겁니다. 그래서 무엇을 아느냐보다 그 지식을 어떻게 활용하느냐가 중요합니다. 어떤 기술을 가졌느냐보다 그 기술을 어떤 마음가짐으로 어디에 어떻게 쓰느냐가 인생에서는 훨씬 더 결정적입니다. 결국 인생에서는 능력 자체보다 그것을 다루는 태도가 훨씬 중요하다고 이야기해 주고 싶습니다.

인성과 태도는 모든 일상의 선택과 결정에서 나침반 역할을 하거든요. 그래서 우리는 성공한 이들의 화려한 겉모습보다 그 뒤에 감춰진 내면을 봐야 해요. 온갖 괴로움과 어려움을 참고 견디는 끈기. 실패 후 배우는 자세. 성공 앞에서의 겸손과 감사함. 그리고 그들을 지금의 자리로 이끈 내면의 태도 말입니다.

세상은 점점 더 빠르게 변하고 있어요. 인공지능이 인간의 많은 역할을 대체하고, 기술은 하루가 다르게 발전합니다. 이런 시대에 우리가 기계와 차별화될 수 있는 것은 무엇일까요?

바로 태도입니다.

AI는 수백만 년 쌓아온 인간의 지식을 단 몇 초 만에 복제합니다. 하지만 진정한 공감, 정직, 겸손, 인내만큼은 결코 복제할 수 없지요. 인간만의 고유한 역량이니까요. 그래서 이 책을 통해 '태도'의 진짜 가치를 나누고 싶습니다. 타인에게 보여주기 위한 형식이 아닌, 내면에서 우러나오는 진정성. 화려한 스펙보다 가치 있고, 시간이 지날수록 빛나는 진실한 태도.

기억하세요. 우리의 인생을 결정짓는 것은 '무엇을 아는가?'가 아닙니다. '어떤 사람인가'예요. 기술은 시간이 지나면 낡습니다. 하지만 올바른 태도는 시간이 지날수록 더 깊은 가치를 드러냅니다.

예지와 예찬이에게 바로 이 점을 가르치고 싶어 이 책을 시작했습니다. 성공하는 법이 아닌 사람이 되는 법. 기술을 쌓는 것이 아닌 마음을 가꾸는 것. 그 여정에 여러분도 함께하시길 바랍니다. 복제할 수 없는 당신만의 태도. 그것이야말로 진짜 성공의 시작입니다.

제1장 ‖ 태도는 인격의 얼굴이다

사람의 품격은 실력보다 먼저 드러난다. 그 차이는 머리의 각도가 아니라 마음의 각도에서 시작된다. 무심한 말 한마디, 작은 행동 하나에도 그 사람의 온도가 스며 있다. 태도는 보이지 않지만, 언제나 느껴진다. 눈빛의 방향, 약속을 지키는 습관, 실패를 대하는 방식이 결국 그 사람의 얼굴이 된다. 세상은 스펙으로 사람을 평가하지만, 끝내 기억되는 건 태도와 인성의 온도다. 당신의 태도가 곧 당신의 인격이다.

➦

태도는 머리의 각도가 아니라 마음의 각도다.

01.
태도는 머리의 각도가 아니라 마음의 각도다

"당신의 마음은 어느 쪽을 향하고 있습니까?"

머리를 숙인다고 마음까지 숙여지는 건 아니다

수업이 끝난 어느 봄날 한 학생이 내게 인사를 했다. 분명 고개는 90도로 숙였지만, 표정은 무표정하다. 그 인사가 이상하게 마음에 걸린다. 형식은 완벽했는데 온기가 느껴지지 않는 인사였다.

다음 날 수업 시간에 문득 그 생각이 나서 학생들에게 물었다.

"왜 우리는 머리를 숙여 인사를 할까?"

잠시 정적이 흐르더니 누군가 "예의니까요"라며 작게

대답했다.

잠시 창밖을 바라보다가 미소를 지으며 대답했다.

"머리를 숙이는 건 예의일 뿐이고, 마음을 숙이는 게 진짜 태도거든."

우리는 종종 겉모습으로 태도를 판단한다. 고개를 깊이 숙이면 공손해 보이고, 환하게 미소 지으면 친절해 보인다. 하지만 인사에 온기가 느껴지지 않을 때 공손함은 종이처럼 얇게 느껴진다. 90도로 숙인 머리 뒤에 180도 틀어진 마음이 숨어 있다면 그 예의는 껍데기에 불과할 뿐이다.

진짜 태도는 형식이 아닌 본질에서 나온다. 눈빛과 말투, 그리고 행동 사이의 일관성에서 드러난다. 겉으로는 "감사합니다"라고 말하지만 눈빛은 차갑고, 돌아서자마자 험담을 늘어놓는다면? 결국 언젠가는 들킬 미숙한 연기에 불과하다. 마음이 담기지 않은 예의는 속이 빈 인사처럼 공허해 결국 닿지 못한다.

요즘은 머리를 숙이는 예의는 배웠어도 마음을 숙이는 겸손은 잃은 시대다. SNS만 봐도 "나를 봐 달라"는 머리의 각도만 넘쳐나고, "당신을 이해하고 싶다"라는 마음의 각도는 희미하다. 완벽하게 연출된 사과문은 많지만 진심 어린 반성은 드물다. 화려한 제스처는 많지만 진정성 있는 행동은 부족한 세상이다.

그렇기에 진심 없이 머리를 숙이는 사람보다 진심으로 귀 기울이는 사람이 더 아름답다. 형식적으로 미소 짓는 사람보다 마음으로 공감하는 사람이 더 따뜻하다.

머리를 숙이는 사람은 잠시 존경받을 수 있으나 마음을 숙이는 사람만이 오래 신뢰받는다. 태도는 결국 머리로 계산할 수 없는 마음으로 느끼는 본질이어서 그렇다. 그리고 사람들은 본능적으로 그 차이를 안다. 머리의 각도는 형식이지만 마음의 각도는 본질이다.

마음의 각도가 인생의 방향을 바꾼다

"조직의 성과를 결정짓는 건 능력이 아니라 태도입니다. 능력은 높지만 태도가 낮은 사람은 결국 조직의 문화를 무너뜨립니다."

몇 년 전 기업 리더십 강연에서 들은 말이다. 태도는 나침반과 같다. 그래서 조금만 방향이 틀어져도 전혀 다른 곳에 도착한다. 처음 1도의 차이는 사소하고 하찮아 눈에 보이지 않는다. 하지만 그 1도가 10km를 가면 174m의 차이가 되고, 100km를 가면 1.7km의 차이를 만든다. 인생도 마찬가지다. 하루의 태도는 한 달의 습관이 되고, 한 달의 습관은 1년의 성격을 만든다. 그리고 1년의 성격은 평생의 인격이 된다. 그래서 마음의 각도는 인생의 궤도를 바꾼다.

　머리로는 '맞다'고 생각해도 마음의 각도가 틀어진 행동은 이내 티가 난다. 겉으로는 웃지만 속으로는 비웃는 사람. 입으로는 격려하지만 마음으로는 시기하는 사람. 이러한 불일치는 결국 자신을 무너뜨린다. 이중적인 태도로는 절대 오래 버틸 수 없다. 마음과 행동이 어긋나는 순간 그 틈새로 신뢰마저 빠져나간다.

　세상은 실수는 용서해도 나쁜 태도는 용서하지 않는다. 실수는 능력의 문제지만 태도는 인격의 문제라서 그렇다. 사람들은 무엇을 했는지보다 어떤 사람인지를 더 오래 기억하는 법이다. 말보다 눈빛, 약속보다 행동을 더 믿는다.

　특히나 태도는 상황이 좋을 때보다 어려울 때 더 잘 드러난다. 따스한 햇살이 비추는 날은 누구나 웃을 수 있다. 하지만 폭풍 속에서도 중심을 잃지 않고 억울한 상황에서도 품위를 잃지 않기란 쉽지 않다.

지금까지 만난 수많은 사람 중에는 뛰어난 능력을 갖춘 사람도 많았고, 화려한 학벌을 가진 사람도 많았다. 하지만 진짜 존경받는 사람은 따로 있었다. 위기 속에서 냉정함을 잃지 않고, 성공 속에서 겸손함을 잃지 않는 사람. 권력 앞에서도 원칙을 지키는 사람. 그 사람의 마음 각도가 바로 인격이고, 인성이며, 결국 그 사람의 브랜드였다. 지금 당신의 마음 각도는 어떠한가?

머리를 드는 용기보다 마음을 세우는 힘

몇 년 전, 한 후배가 억울한 일을 당한 적이 있었다. 자신이 한 일을 다른 사람이 가로챘고, 그 사람은 아무렇지도 않게 영광을 누렸다. 후배는 분노했고 복수하고 싶어 했다. 나는 그에게 조용히 진심을 담아 말했다.

"네 분노는 이해해. 하지만 그 사람처럼 되지는 마라. 네 마음의 각도까지 그 사람처럼 틀어지면 넌 결국 그 사람과 같은 사람이 되는 거야."

시간이 흘렀고, 후배는 묵묵히 자신의 길을 걸었다. 그리고 결국 더 큰 성공을 거두었다. 훗날 이야기를 들어 보니 그때의 억울함이 자신을 더 단단하게 만들었다고 한다. 그는 마음의 각도를 지켰고, 그 각도가 그를 올바른 곳으로 이끈 것이다.

진짜 태도는 상황이 아니라 '나'를 기준으로 움직인다. 누군가가 나에게 무례하게 굴 때도, 그 순간의 감정보다 내가 지키고 싶은 태도를 생각해야 한다. 누가 보든, 어떤 대우를 받든 마음의 각도를 잃지 않으려는 노력. 그 마음의 각도가 결국 인격의 높이를 만든다. 하지만 머리를 숙이는 일은 쉬워도 마음을 바르게 세우기란 여간 어려운 일이 아니다. 진짜 태도는 타인을 의식하는 예의가 아니라, 자신을 다스리려는 품격의 연습이기 때문이다.

세상을 살아가다 보면 머리를 숙여야 할 때도 있고, 고개를 들어야 할 때도 있다. 중요한 사실은 머리의 높낮이가 아니라 마음의 방향에 있다. 마음이 낮으면 삶이 높아지고, 마음이 바르면 길이 보인다. 태도는 기술이 아니다. '사는 방식'이고, '사람의 품격'이다. 지식이 많아도 태도가 삐뚤면 존경받지 못하고, 배운 게 적어도 마음이 바르면 누구나 빛이 난다.

태도는 머리의 각도가 아니라 마음의 각도다

당신이 어떤 자세로 서 있는지는 중요하지 않다. 당신의 마음이 어느 쪽을 향하고 있는가만이 중요하다.

진심을 향하고 있는가, 형식을 향하고 있는가?

겸손을 향하고 있는가, 교만을 향하고 있는가?

타인을 향하고 있는가, 자신을 향하고 있는가?

이 마음의 방향이 당신이라는 사람을 만든다. 오늘, 당신의 마음은 어느 쪽을 향하고 있는가?

> 당신의 하루는 마음의 방향이 이끌어간다. 눈에 보이지 않지만, 그 각도가 당신의 말투가 되고, 당신의 말투가 결국 당신의 삶이 된다. 진심을 향한 마음은 단단하게 세상을 건너지만, 이기심을 향한 마음은 쉽게 흔들린다. 세상을 바꾸는 건 큰 행동이 아니라 작은 마음의 방향 전환이다. 오늘, 마음을 조금만 더 따뜻한 쪽으로 돌려보라. 그 각도가 당신의 내일을 바꾼다.

02.
마음의 온도가 사람을 만든다

"당신은 어떤 온기를 남기고 있습니까?"

잃어버린 온기, 식어버린 마음

　퇴근 시간, 피곤함이 잔뜩 묻은 지하철이 출발한다. 한 청년의 앞에 노인이 섰고, 청년은 노인에게 자리를 양보했다. 그런데 다음 상황이 기가 막힌다. 노인은 고맙다는 말 대신 "요즘 젊은이들, 당연한 것도 티 내려고 한다"라며 돌아섰다. 청년은 아무 말 없이 고개를 숙였다.

　우리는 언제부터 서로에게 이토록 차가워졌을까?

　똑똑한 사람은 많아졌지만 따뜻한 사람은 줄어들었다. 성공한 사람은 많아졌지만 품격 있는 사람은 보기 어려워졌다. 말은 유창하지만 마음은 거칠고, 지식은 넘쳐나지만 태도는 메마르다.

그리고 우리는 그런 사람을 만나면 속으로 이렇게 중얼거린다.

"참, 싹수없네."

이 한마디 속에는 단순한 불쾌함이 아닌 깊은 실망이 담겨 있다. 사람으로서 가장 기본인 마음의 온도조차 잃어버린 사람에 대한 실망.

인의예지―사람됨의 네 가지 온도

옛사람들은 사람다움의 뿌리를 인의예지(仁義禮智)라 불렀다. 이 네 글자는 단순히 고리타분한 유교 용어만은 아니다. 오늘을 살아가는 우리에게 여전히 필요한 기준, 마음의 온도계다.

인(仁)은 타인을 향한 따뜻한 시선이다. 길에서 넘어진 사람을 보고 손을 내밀 수 있는 마음. 친구의 슬픔에 함께 울어줄 수 있는 공감. 누군가의 작은 성취를 진심으로 축하해줄 수 있는 너그러움. 그것이 인(仁)이다.

의(義)는 옳고 그름을 아는 양심이다. 손해를 보더라도 정의로운 선택을 하는 용기. 잘못을 보고도 침묵하지 않는 떳떳함. 이익보다 원칙을 먼저 생각하는 단단함. 그것이 의(義)다.

예(禮)는 상대를 존중하는 태도다. 나보다 어린 사람에게도 함부로 대하지 않는 절제. 화가 나도 말을 가려서 하는 품위. 작은 호의에도 '감사합니다'를 잊지 않는 겸손. 그것이 예(禮)다.

마지막으로 지(智)는 지식이 아니라 지혜다. 자기 자신을 돌아볼 줄 아는 성찰. 세상을 섣불리 판단하지 않는 신중함. 옳은 길이 무엇인지 끊임없이 고민하는 진정성. 그것이 지(智)다.

이 네 가지가 조화를 이룰 때 우리는 비로소 사람다운 사람이 된다. 하지만 하나라도 빠지면 그 빈자리에 교만과 냉담이 채워진다. 그리고 그 사람은 결국 싹수없는 인간이라는 낙인이 찍힌다.

태도는 보이지 않는 얼굴이다

누군가는 말한다.

"요즘 세상에 그런 거 따지면 어떻게 살아?"

"착하게 살면 손해만 보지."

하지만 진짜 손해는 따로 있다. 사람들의 신뢰를 잃는 아픔. 마음 편히 잠들 수 없는 밤.

거울 속 나와 눈을 마주칠 수 없는 부끄러움.

회사에서 종종 발견되는 유형 하나가 있다. 실력은 뛰어나지만 태도가 나쁜 사람이다. 그는 상사에게는 아첨하고 후배에게는 함부로 대하며 동료의 공을 슬쩍 가로챈다. 물론 처음에는 승승장구하는 것처럼 보이지만 시간이 지나면 지날수록 그는 고립된다. 아무도 그와 함께 일하고 싶어 하지 않기 때문이다.

반대로 실력은 평범해도 태도가 좋은 사람이 있다. 그는 실수해도 진심으로 사과하고, 어려운 일이 있으면 먼저 나서서 돕는다. 무엇보다 작은 배려를 놓치지 않는다. 시간이 지나도 사람들은 그를 기억한다. "그 사람 참 좋은 사람이야"라고.

이렇듯 태도는 결국 보이지 않는 얼굴이다. 말투, 눈빛, 행동에서 드러나는 그 사람의 진짜 모습. 기억하자. 지식은 잊혀도 태도는 오래 기억된다.

따뜻한 사람으로 남자

세상은 빠르게 변하고 사람들은 점점 날카로워진다. 살아남기 위해 발톱을 세우고 마음의 문을 닫는다. 하지만 그렇게 살다 보면 어느새 우리 자신도 차가워진다.

나는 묻고 싶다.

누군가에게 어떤 온기로 남고 싶은가?

누군가의 하루는 생각보다 소소한 데에서 바뀐다. 엘리베이터 문을 잡아 주는 작은 배려. 피곤해 보이는 동료에게 "괜찮아?"라고 묻는 한마디. 실수한 후배를 질책하지 않고 "다음엔 더 잘할 수 있어"라고 격려하는 따뜻함.

이 작은 인(仁)이 모여 세상을 따뜻하게 만든다.

옳지 않은 일 앞에서 "아니다"라고 말할 수 있는 용기가 의(義)이고,

화가 나도 말을 가려서 하는 절제가 예(禮)이며,

말보다 행동을 먼저 생각하는 신중함이 지(智)다.

오늘 당신의 마음은 몇 도입니까?

가끔 스스로에게 묻는다.

"오늘 나는 누군가에게 따뜻한 사람이었을까?"

"누군가에게 차갑고 무례하고 이기적인 사람으로 느껴지지는 않았을까?"

누구나 실수를 한다. 감정에 휘둘리고 후회도 한다. 하지만 중요한 사실은 다시 마음의 각도를 바로 세우려 노력하는 태도다.

사람의 품격은 말이 아닌 태도에서, 지식이 아닌 인성에서 드러나는 법이다. 오늘도 누군가에게 '싹수없는 인간'이 아니라 '따뜻한 사람'으로 기억되기 위해 우리는 다시 마음의 온도를 올릴 필요가 있다. 그래야 내게도 돌아오지 않겠는가? 그 온기가. 인의예지는 책 속의 고전이 아닌 온기다. 오늘을 살아가는 우리의 삶 그 자체다. 당신이 남긴 온기는 누군가의 겨울을 녹이는 봄이 된다.

누군가의 하루를 바꾸는 건 거창한 행동이 아니다. 짧은 미소, 조용한 배려, 진심 어린 한마디가 메마른 마음을 녹이고 닫힌 세상을 다시 연다. 당신이 건넨 작은 온기는 오래 남아, 그 온기를 기억하는 누군가의 마음속에서 당신은 '따뜻한 사람'으로 살아 있다. 세상이 아무리 차가워져도, 당신이 남긴 온도만큼은 누군가의 겨울을 녹이는 봄이 된다.

03.
품격은 말이 아니라 태도에서 시작된다

" 당신의 태도는, 카피할 수 없는 당신만의 서명이다."

말은 포장하지만, 태도는 증명한다

"행동은 말보다 더 크게 말한다."

미국 제16대 대통령 에이브러햄 링컨이 남긴 이 말은 단순하지만 강력하다. 그는 노예 해방을 약속했고, 실제로 남북전쟁이라는 엄청난 대가를 치르면서도 그 약속을 지켰다. 링컨은 알고 있었다. 사람의 진가는 입이 아니라 손과 발로 증명된다는 사실을.

세상에는 말만 잘하는 사람이 많다. 허황한 포부를 이야기하고, 그럴듯한 변명을 늘어놓고, 화려한 약속을 남발한다. 결국 시간이 지나면 들킬 일이다. 진짜 중요한 건 그 사람이 무슨 말을 했느냐가 아니라 어떤 태도로 살았느냐이다.

말은 순간이지만 태도는 일상이고, 말은 꾸며낼 수 있지만 태도는 감출 수 없기 때문이다. 회의 시간에는 열정적으로 말하다가 뒤돌아서면 불평하는 사람, 상관 앞에서는 공손하다가 후임에게는 함부로 하는 사람, 약속은 거창하게 하면서 실천은 안 하는 사람. 이런 사람들의 공통점이 있다. 바로 말과 태도가 다르다는 사실이다.

"저 선임 말은 그럴듯한데 행동은 다르더라."

"저 팀장님은 말은 적은데 일 처리가 깔끔하시더라."

사람을 평가하는 진짜 기준은 언제나 태도다. 태도는 말보다 먼저 보인다. 말은 연출할 수 있어도 태도는 연출할 수 없다.

여기에서 품격이 나온다. 품격은 어휘에서 풍기는 고고함과 달리 실상은 거창한 게 아니다. 작은 순간의 축적이다. 아무도 보지 않을 때 쓰레기를 줍는 마음, 후임이 실수했을 때 감싸주는 여유, 불리한 상황에서도 변명하지 않는 당당함. 이런 작은 태도들이 모여 품격이라는 이름으로 완성된다.

기억하라. 지금 당신의 태도가 당신의 품격을 만든다. 당신이 누군가에게 어떤 말을 하는지보다 어떤 태도로 대하는지가 당신이라는 사람을 증명한다. 그래서 진짜 품격 있는 사람은 말로 자신을 설명하지 않는다. 그들의 태도가 이미 모든 걸 말해주고 있기 때문이다.

태도가 인생의 복무 자세다

군대 용어에 "복무 자세"라는 말이 있다. 주어진 환경에서 어떤 마음과 태도로 자기 역할을 해내느냐를 뜻한다. 군대에서 복무 자세가 좋은 병사는 어디를 가도 인정받는다. 복무 자세는 단순히 군대에서만 필요한 게 아니기 때문이다. 그건 인생 전체를 관통하는 자세다. 주어진 일에 최선을 다하는 습관, 힘들어도 불평하지 않는 마음, 누가 보지 않아도 바르게 행동하는 원칙. 이런 자세는 전역 이후에도 평생 그 사람을 따라다닌다.

반대로 복무 자세가 나쁜 사람은 어디를 가도 똑같다. 군대에서 불평하던 사람은 회사에서도 불평한다. 학교에서 대충 하던 사람은 일터에서도 대충 한다. 환경을 바꿔

봐야 소용없다. 태도가 바뀌지 않으면 결과도 바뀌지 않는다.

인생 전체가 하나의 긴 복무다. 학교에서도 복무 자세가 있다. 같은 수업을 들어도 어떤 학생은 앞자리에 앉아 집중하고, 어떤 학생은 뒷자리에서 시간만 보낸다. 회사에서도 마찬가지다. 같은 업무를 해도 어떤 사람은 최선을 다하고, 어떤 사람은 대충 넘긴다. 인간관계 같은 상황에서도 어떤 사람은 배려하고, 어떤 사람은 이용한다.

중요한 것은 환경이 아니다. 어디에 있든, 무엇을 하든 당신이 선택하는 태도가 당신의 복무 자세를 결정한다. 힘든 상황에서도 묵묵히 해내는 사람, 불합리한 일 앞에서도 바른 목소리를 내는 사람, 아무도 보지 않아도 최선을 다하는 사람. 이들의 공통점은 환경 탓을 하지 않는다는 진실이다. 그들은 자신의 태도로 승부한다.

그래서 지금이 중요하다. 지금 당신이 보여주는 태도가 미래의 당신을 만든다. 지금 군대에서 어떤 자세로 복무하는지 학교에서 어떤 마음으로 공부하는지 회사에서 어떤 태도로 일하는지. 그 모든 순간이 쌓여서 당신의 인생이 된다. 태도는 선택이 아니다. 훈련이다. 그리고 그 훈련은 지금, 이 순간부터 시작된다.

품격은 카피할 수 없는 당신의 서명이다

SNS를 보면 다들 비슷한 말을 하고, 비슷한 사진을 올리고, 비슷한 삶을 사는 것처럼 보인다. 패션, 콘텐츠, 아이디어, 심지어 말투까지 마치 세상 모든 게 복제되는 듯하다. 하지만 단 하나 절대 복제할 수 없는 게 있다. 바로 당신의 품격이다.

품격은 학원에서 배울 수 없고 유튜브로 따라 할 수도 없다. 그건 오직 당신이 살아온 시간과 선택한 태도, 지켜온 원칙으로 만들어진 고유한 서명과 같다. 같은 상황에서도 어떤 선택을 하는지 힘들 때 어떤 태도를 보이는지 아무도 보지 않을 때 어떻게 행동하는지에 따른 그 모든 순간이 당신의 품격으로 새겨진다.

그래서 진짜 품격 있는 사람은 자신을 증명하려 하지 않는다. 그들은 조용히 자기 일을 한다. 상관이 보든 안 보든 중요하지 않다. 인정받든 안 받든 자신이 옳다고 믿는 방식으로 움직인다. 그들만의 흔들리지 않는 중심이 그들을 빛나게 만드는 품격이다.

세상은 결국 알아보게 될 것이다. 말만 번지르르한 사람과 태도로 증명하는 사람의 차이. 순간의 선택으로 사는 사람과 원칙을 지키며 사는 사람의 가치. 시간이 지나면 모든 게 드러난다. 말은 바람처럼 흩어지지만 태도는 발자국처럼 남는다.

이 책을 덮는 순간, 당신에게 묻고 싶다. 당신은 어떤 발자국을 남기고 싶은가?

기억하라. 당신이 서 있는 자리에서 당신이 보여주는 태도가 당신의 품격을 만들고 있다. 화려한 말 백 마디보다 묵묵한 태도 하나가 더 강력하고, 거창한 약속 열 개보다 작은 실천 하나가 더 가치 있다. 품격은 하루아침에 만들어지지 않는다. 그건 당신이 오늘 선택하는 작은 태도 하나하나가 쌓여 완성된다. 그러니 말로 포장하지 말고 태도로 증명하라. 환경 탓을 하지 말고 자세를 바꿔라. 그렇게 하루하루 쌓은 태도가 결국 당신이라는 사람을 완성한다.

사람의 품격은 말이 아니라 태도에서 시작된다. 그리고 당신의 태도는 카피할 수 없는 당신만의 서명이다.

세상은 말로 가득하지만, 결국 기억되는 건 태도다. 화려한 말은 잠시 주목받을 수 있지만, 진심이 담긴 태도만이 사람의 마음에 남는다. 당신의 행동 하나, 시선 하나가 당신의 품격을 말해준다. 말은 바람처럼 흩어지지만, 태도는 흔적처럼 남는다. 결국 사람의 품격은 말이 아니라 태도에서 시작된다. 그리고 그 태도는, 아무도 흉내 낼 수 없는 당신만의 서명이 된다.

04.
안 보여도 느껴지는 힘, 태도와 인성의 온도

온도를 기억하는 사람들

　오래전 만났던 누군가를 문득 떠올릴 때 당시 나눈 대화는 기억나지 않는데 그 사람이 주던 '느낌'은 또렷이 남을 때가 있다. "그 선배 참 따뜻한 사람이었어" "그 친구는 뭔가 믿음직스러웠어" 하고 말이다. 바로 이런 기억들은 실력이 아니라 온도가 만든 것이다.

　군대에서도 학교에서도 회사에서도 우리는 수없이 많은 사람을 만난다. 많은 인연이 흔하게 스쳐 지나간다. 그래서인지 대부분은 시간이 지나면 기억에서 흐릿해진다.

하지만 유독 오래 기억에 남는 사람이 있다. 그들이 특별히 뛰어난 능력을 갖춰서는 아니었다. 그들이 보인 태도의 따뜻함, 인성의 온도가 마음속에 '좋은 사람'이라는 이름으로 각인되었기 때문이다.

사람에게는 보이지 않는 온도가 있다. 그 온도는 학점으로 증명되지 않고 스펙으로 측정되지 않는다. 하지만 이 온도야말로 사람을 사람답게 만드는 가장 본질적인 힘이다. 어떤 사람은 말 한마디 없이도 공간을 따뜻하게 만들고, 어떤 사람은 아무 말도 하지 않았는데 공기가 차갑게 식는다.

이 순간에도 당신은 누군가에게 어떤 온도로 기억되고 있다. 따뜻한 봄날 같은 사람인지 차가운 겨울밤 같은 사람인지. 당신이 얼마나 똑똑한지가 아니라 얼마나 따뜻한지로 결정된다.

점수, 등수, 연봉, 팔로워 수로 모든 것을 수치화하는 세상이지만 정작 우리가 진짜 그리워하는 것은 숫자가 아니다. 누군가의 따뜻한 말 한마디, 힘들 때 건네준 격려, 실수했을 때 보여준 너그러움. 그런 순간들이 우리를 살게 한다. 태도와 인성은 온도계로 잴 수 없지만 사람의 마음은 그 온도를 정확히 느낀다. 세상이 아무리 차가워져도, 당신의 온도 하나가 누군가에게는 햇살이 될 수 있다. 그리고 그 햇살은 반드시 당신에게 돌아온다. 이것이 태도와 인성이 가진 보이지 않는 순환의 법칙이다.

겉이 아닌 마음의 온도가 진짜 실력이다

같은 일을 해도 결과가 다른 이유는 무엇일까? 능력의 차이? 때로는 맞다. 하지만 더 자주 그 차이는 태도에서 온다. 어떤 마음으로 그 일을 대했는지에 대한 태도는 겉에서 보기에는 작은 차이 같지만 인생의 깊이를 완전히 바꿔놓는다.

우리는 오랫동안 착각하며 살아왔다. 실력이란 눈에 보이는 것이라고. 화려한 자격증, 뛰어난 학벌, 완벽한 스펙이 진짜 능력이라고. 하지만 살다 보면 진짜 실력은 보이지 않는 곳에 있다는 진실을 알게 된다.

진짜 실력은 힘들 때 포기하지 않는 마음의 힘이다. 부당함 앞에서도 바르게 서 있는 인성의 힘이다. 누군가 보지 않아도 최선을 다하는 태도의 힘이다. 이런 힘들은 이력서에 쓸 수 없다. 면접에서 증명할 수도 없다. 하지만 결국 사람을 평가하는 마지막 기준이다.

잘하는 사람보다 바른 사람이 오래가고 똑똑한 사람보다 따뜻한 사람이 신뢰받는다. 이건 이상론이 아니다. 실제로 조직, 팀, 인간관계에서 오래 살아남는 사람들을 보면 알 수 있다. 실력이 조금 부족해도 태도가 좋은 사람은 계속 기회를 받는다. 하지만 실력이 뛰어나도 마음의 온도가 차가운 사람은 결국 외면당한다.

진짜 강한 사람은 큰 소리를 내지 않는다. 그들은 자신 안의 기준으로 움직인다. 그게 바로 인성의 근육이다. 헬스장에서 기르는 근육은 눈에 보이지만 인성 근육은 보이지 않는다. 하지만 그 근육이야말로 진짜 삶을 버티게 하는 힘이다.

근육과 같은 인성은 그래서 하루아침에 만들어지지 않는다. 작은 선택들이 쌓여 만들어진 탑과 같다. 누군가 보지 않을 때도 약속을 지키는 마음, 불리한 상황에서도 바른길을 택하는 용기, 힘들어도 예의를 잃지 않는 단단함. 이런 태도가 하나둘 쌓여서 인성이라는 이름으로 완성된다. 그리고 카피할 수 없는 당신만의 경쟁력으로 진짜 실력이 된다.

당신의 온도가 세상을 바꾼다

우리는 모두 누군가의 온도계다. 내 태도는 후배에게 기준이 되고, 내 인성은 후임에게 믿음이 된다. 생각하는 것보다 훨씬 많은 사람이 당신을 보고 있다. 당신의 작은 배려 하나가 누군가에게는 큰 위로가 되고 진심 어린 격려 한마디가 누군가의 하루를 바꾼다.

살다 보면 예상치 못한 벽을 만난다. 실패할 수도 있고 사람에게 상처받을 수도 있다. 노력해도 안 될 때가 있고, 바르게 살아도 손해 볼 때가 있다. "착하게 살면 뭐 해?" "바보같이 왜 혼자 애쓰지?" 이런 생각이 스멀스멀 올라온다. 그때마다 마음의 온도를 지키는 것이 태도다. 차갑게 굴지 않으려는 태도, 냉소적이지 않으려는 태도, 그리고 자신을 믿어주는 따뜻한 태도. 그 태도들이 모여 다시 일어서는 힘이 된다.

마음의 온도를 지키는 사람은 결국 이긴다. 당장은 손해 보는 것 같아도 시간이 지나면 사람들은 안다. 누가 진짜이고 누가 가짜인지. 누가 따뜻한 사람이고 누가 차가운 사람인지. 그리고 결국 사람들은 따뜻한 사람 곁에 남는다. 신뢰는 그렇게 만들어진다.

세상은 실력으로 시작해 태도로 완성되고, 온도로 기억된다. AI가 아무리 발전해도, 기술이 아무리 진화해도, 사람의 따뜻함은 복제할 수 없다. 그건 당신만이 가진 고유한 빛이자 평생을 걸쳐 만들어야 할 당신 인생의 브랜드다. 화려한 스펙은 누군가를 놀라게 할 수 있지만 따뜻한 온도는 누군가를 움직이게 한다. 뛰어난 능력은 순간을 빛나게 하지만 따뜻한 인성은 평생을 빛나게 한다.

보이지 않아도 느껴지는 힘, 그것이 바로 당신의 온도다. 그리고 그 온도가 세상에서 가장 아름다운 당신의 얼굴이다.

> 보이지 않아도 느껴지는 힘, 그것이 바로 당신의 온도다. 그 온도는 말보다 강하고, 스펙보다 오래 간다. 따뜻한 마음으로 사람을 대하고, 진심으로 세상을 바라보는 태도는 절대 잊지 않는다. 당신의 온도는 누군가의 하루를 바꾸고, 지친 마음을 일으킨다. 결국 세상을 움직이는 것은 거대한 힘이 아니라, 사람의 온도다. 그리고 그 온도가 바로 세상에서 가장 아름다운 당신의 얼굴이다.

05.
세상은 스펙이 아니라 자세로 평가한다

스펙은 문을 열지만, 자세가 자리를 지킨다

취업 준비를 할 때 우리는 스펙에 매달린다. 학점, 토익 점수, 자격증, 대외 활동. 그것들이 나를 증명해 줄 거라고 믿는다. 그리고 실제로 그 믿음은 어느 정도는 맞다. 화려한 스펙은 면접의 기회를 만들어 주고 첫 출근의 자격을 얻게 해 주니까. 하지만 거기까지다.

진짜 게임은 그다음부터다. 입사하고 나면 모두의 스펙은 비슷해진다. 명문대 출신, 해외 유학파, 각종 자격증 보유자라도 6개월, 1년이 지나면 확연히 갈린다. 누구는 신뢰받고, 누구는 외면당한다. 스펙이 아니다. 바로 자세의 차이다.

그렇다면 자세란 무엇일까? 출근했을 때 인사하는 표정, 일을 받아들이는 태도, 실수에 대한 대응, 팀원을 향한 눈빛. 이런 하루하루의 작은 순간들이 모여 자세가 된다. 그리고 이 자세가 결국 그 자리에 얼마나 오래 머무를 수 있는지를 결정한다.

군대도 마찬가지다. 입대할 때는 모두가 평등하다. 학벌, 집안, 과거의 화려함도 다 벗어던지고 이등병으로 시작한다. 그런데 시간이 지나면 확연히 갈린다. 어떤 병사는 모두에게 신뢰받고 어떤 병사는 아무도 의지하지 않는다. 차이는 능력이 아니라 자세에 있다. 주어진 임무를 어떤 마음으로 대하는지 힘든 상황에서 어떤 태도를 보이는지가 모든 차이를 만든다.

이력서는 당신의 과거를 보여주지만, 자세는 당신의 미래를 증명한다. 스펙은 문을 열어주지만, 자세는 자리를 지킨다. 회사 생활에서 중요한 건 입사가 아니라, 그 자리에서 얼마나 오래 신뢰를 얻으며 성장하느냐이다. 그 자리를 오래 지키게 하는 힘은 스펙이 아니라 태도에서 비롯된다. 그래서 진짜 실력은 화려한 경력이 아니라 묵묵한 자세다. 세상은 결국 이 자세를 본다.

자세가 곧 태도, 태도가 곧 품격이다

많은 사람이 자세, 태도, 품격을 각기 다르다고 생각한다. 하지만 같은 개념의 다른 이름일 뿐이다. 자세는 일상에서 보이는 몸의 각도이고, 태도는 그 자세 안에 담긴 마음의 방향이다. 그리고 품격은 이 모든 것이 쌓여 만들어진 당신이라는 사람의 무게감이다.

좋은 자세를 가진 사람은 아침에 출근해서 "안녕하세요"라고 먼저 인사한다. 누가 시키지 않아도 기분이 좋지 않아도 습관처럼 인사한다. 이게 자세다. 그리고 인사 안에는 '나는 이 팀의 일원이고 함께 일하는 사람들을 존중한다'라는 태도가 담겨 있다. 그렇게 매일 쌓인 자세와 태도는 결국 '저 사람은 믿을 만하다'라는 품격으로 완성되는 것이다.

반대로 나쁜 자세를 가진 사람은 출근해서 고개도 안 돌리고 자기 자리로 간다. "바쁘니까", "피곤하니까", "원래 말이 없어서"라고 변명한다. 하지만 그건 변명일 뿐이다. 그 사람의 자세 안에는 "나는 여기서 일만 하면 되고 사람들과의 관계는 중요하지 않다"라는 태도가 담겨 있다. 그리고 그런 태도는 결국 "저 사람은 함께 일하기 힘들다"는 평가로 이어진다.

자세는 그래서 선택이 아니라 습관이다. 한두 번 좋은 모습을 보인다고 자세가 좋은 사람이 되는 게 아니다. 매일, 매 순간, 일관되게 보여줘야 한다. 그래서 어렵다. 기분 좋을 때 하는 친절은 쉽다. 하지만 힘들 때, 짜증 날 때, 아무도 보지 않을 때도 같은 자세를 유지하는 것이야말로 진짜 자세이자 태도, 품격이다.

회사에서 승진하는 사람을 자세히 보라. 그들이 가장 똑똑해서가 아니다. 가장 일을 잘해서도 아니다. 그들은 가장 일관된 자세를 보였던 사람들이다. 좋을 때나 나쁠 때, 인정받을 때나 무시당할 때도 변하지 않는 태도로 자기 자리를 지킨 사람들이 리더가 된다. 그들의 품격이 결국 그들을 그 자리에 올려놓은 것이다.

자세=태도=품격. 이 세 단어는 결국 같은 뿌리다. 당신의 자세가 당신의 태도를 만들고 당신의 태도가 당신의 품격을 완성한다. 그리고 그 품격은 결국 세상이 당신을 평가하는 기준이 된다는 점을 명심하자.

진짜 경쟁력은 카피할 수 없는 자세에서 나온다

요즘은 모든 게 베껴진다. ChatGPT가 자소서를 쓰고, AI가 포트폴리오를 만들고, 유튜브가 면접 스킬을 알려준다. 누구나 비슷한 스펙을 만들 수 있고, 누구나 그럴듯한 말을 할 수 있게 됐다. 그래서 역설적으로, 스펙의 가치는 떨어지고 있다. 이제 세상은 다른 걸 본다. 바로 당신의 자세를.

자세는 복제할 수 없다. 아무리 AI가 발전해도, 아무리 기술이 진화해도, 사람이 일상에서 보이는 자세만큼은 흉내 낼 수 없다. 힘든 일이 생겼을 때 어떻게 반응하는지, 팀원과 갈등이 생겼을 때 어떻게 대처하는지, 아무도 보지 않을 때 어떤 선택을 하는지. 이건 스크립트로 만들 수 없고, 프롬프트로 생성할 수 없다. 오직 당신이 살아온 시간과 당신이 선택해 온 가치관이 만들어낸, 당신만의 고유한 자세다.

사회 초년생들이 자주 착각하는 게 있다. 일만 잘하면 된다는 생각. 하지만 현실은 다르다. 일을 잘해도 자세가 나쁘면 오래 못 간다. 반대로 일이 조금 서툴러도 자세가 좋으면 계속 기회를 받는다. 왜냐하면 일의 실력은 가르칠 수 있지만, 사람의 자세는 가르칠 수 없기 때문이다. 회사는 그걸 안다. 그래서 결국 자세가 좋은 사람을 선택한다.

군대에서도 마찬가지다. 체력이 좋고 총을 잘 쏘는 병사보다 묵묵히 자기 임무를 다하고 동료를 챙기는 병사가 더 신뢰받는다. 왜냐하면 전자는 개인의 능력이지만, 후자는 팀의 자산이기 때문이다. 자세가 좋은 사람은 어디를 가도 필요한 사람이 된다.

이 책을 덮는 순간, 나의 이력서에는 무엇이 적혀 있는지, 그리고 내 일상에는 어떤 자세가 새겨져 있는지 생각해 보면 좋겠다. 전자는 면접관에게 내가 보여주는 나이고, 후자는 동료들이 매일 마주하는 나다. 정작 나를 평가하는 것은 전자가 아니라 후자다.

세상은 스펙이 아니라 사람의 자세로 평가한다. 학점은 졸업하면 끝나지만, 자세는 평생 간다. 자격증은 갱신해야 하지만, 품격은 시간이 지날수록 깊어진다. 그래서 진짜 경쟁력은 이력서가 아니라 나의 하루하루에 있다.

오늘도 기억하라. 당신이 아침에 출근해서 보이는 자세, 동료를 대하는 태도, 힘든 순간에도 잃지 않는 품격. 그것들이 모여 당신이라는 사람을 만든다. 스펙으로 시작하되 자세로 증명하라. 말로 포장하지 말고 행동으로 보여줘라. 그렇게 하루하루 쌓은 자세가 결국 당신만의 브랜드가 된다.

세상은 스펙이 아니라 사람의 자세로 평가한다. 그리고 당신의 자세는 카피할 수 없는 당신만의 경쟁력이다.

> 세상은 스펙으로 문을 열지만, 자세로 사람을 남긴다. 학점과 자격증은 기회를 만들지만, 태도와 품격은 그 자리를 지킨다. 실력은 배울 수 있지만, 자세는 배울 수 없다. 그것은 하루하루의 선택과 습관이 만들어내는 당신만의 언어다. 결국 세상은 성과보다 사람을 기억한다. 그리고 그 사람을 결정짓는 건 언제나 자세다. 세상은 스펙이 아니라 사람의 자세로 평가한다. 그리고 당신의 자세는, 누구도 복제할 수 없는 당신만의 경쟁력이다.

제2장 ‖ 본질은 드러난다

세상은 점점 더 정교하게 모방한다. 기술은 복제되고, 말투와 사고방식마저 닮아간다. 하지만 사람의 본질은 여전히 태도와 인성에서 갈린다. 흉내 낼 수 있는 것은 능력이지만, 감춰지지 않는 것은 마음의 방향이다.

'카피 가능한 사람'은 언제든 대체된다. 그러나 '카피 불가능한 사람'은 시간이 지나도 기억된다. 그 차이는 머리의 기술이 아니라, 마음의 진정성이다. 디지털 시대일수록 인간다움이 가장 드문 경쟁력이다. 본질은 결국 드러난다.

➡

왜 태도와 인성이 중요한가?

01.
모방 가능한 시대, 유일무이한 경쟁력

모든 것이 복제되는 시대

요즘 세상을 보면 경계가 무너진 듯하다. 명품은 짝퉁으로 복제되고, 인기 유튜버의 콘텐츠는 수백 개의 복사본으로 쏟아진다. 자격증 공부법은 블로그에 널렸고, 면접 스킬은 영상 하나면 배울 수 있다. AI는 당신보다 빠르게 코드를 짜고, 당신보다 그럴듯하게 글을 쏜다. 기술, 지식, 스킬, 심지어 말투까지. 모든 게 복제되는 세상이다.

군대도 예외가 아니다. 2년 전 한 부대에서 있었던 일이다. 신병들이 입대했는데 그중 50명이 똑같은 '군 생활 꿀

팁' 유튜브를 보고 왔다고 한다. 같은 방법으로 체력장을 준비했고, 같은 멘트로 면담을 대비했다. 심지어 같은 타이밍에 같은 질문을 했다. 간부들은 웃으며 말한다.

"요즘 애들은 스펙도 비슷하고 말도 비슷해. 근데 막상 함께 생활해 보면 확 달라."

회사도 마찬가지다. 한 스타트업 대표의 고백이다.

"이력서만 보면 다들 완벽해요. 학점 4.0, 토익 900, 대외 활동 화려하죠. 그런데 일을 시켜보면 알아요. 누가 진짜고 누가 가짜인지."

3개월이 지나면 확연히 갈린다. 누구는 팀의 중심이 되고, 누구는 투명 인간이 된다. 그 차이는 스펙이 아니었다.

모든 것이 복제되는 시대. 역설적으로 복제할 수 없는 것의 가치가 올라간다. 당신의 학벌은 수천 명이 공유하지만, 태도는 오직 당신만의 것이다. 당신의 자격증은 누구나 딸 수 있지만 당신의 인성은 아무도 흉내 낼 수 없다. 세상이 복제될수록 복제 불가능한 것이 진짜 경쟁력이 된다.

복제할 수 없는 것들의 목록

"김 대리는 일 처리는 좀 서툰데 동료들이 다 좋아해요. 반대로 박 대리는 일은 잘하는데 누구도 같이 일하려고 안 해요. 누굴 승진시켜야 할까요?"

어느 겨울날 한 중견기업 팀장이 신입사원 평가 회의에서 했던 말이다. 답은 명확했다. 회사는 김 대리를 택했다. 일의 실력은 가르칠 수 있지만 사람의 태도는 가르칠 수 없기 때문이다.

세상에는 복제할 수 없는 몇 가지가 있다.

첫째, 위기 상황에서의 반응이다. 군대에서 혹한기 훈련 중 동료가 쓰러졌을 때 누구는 먼저 달려가고 누구는 뒤로 물러선다. 이건 매뉴얼로 가르칠 수 없다. 그리고 회사에서 프로젝트가 꼬였을 때 누구는 책임을 나누고 누구는 책임을 미룬다.

둘째, 아무도 보지 않을 때의 선택이다. 최근 한 공군 부대에서 있었던 일이다. 야간 근무 중 CCTV가 없는 구역에서 한 병사가 쓰레기를 줍고 있었다. 선임이 물었다.

"왜 줍냐? 네가 버린 것도 아닌데."

병사가 답했다.

"그냥요. 제가 지나가는 길인데 지저분하면 싫어서요."

이 병사는 3년 뒤 같은 회사에 함께 지원한 동기 50명 중 유일하게 최종 합격했다. 면접관이 과연 스펙만 봤을까?

셋째, 불리해도 바른길을 가는 용기다. 한 IT 기업에서 있었던 일이다. 팀 전체가 허위 실적을 보고하기로 암묵적으로 합의했다. 그런데 한 사원이 손을 들었다.

"저는 못 하겠습니다."

그는 그날 이후 팀에서 왕따가 됐다. 하지만 6개월 뒤 허위 실적이 발각돼 팀 전체가 징계받을 때 유일하게 그 사원만 살아남았다. 그리고 1년 뒤 그는 리더가 됐다.

AI가 대신할 수도 없다. 이 결과는 오직 당신이 살아온 시간, 당신이 선택해 온 가치관, 당신이 지켜온 원칙이 만들어낸 것이다. 학원에서 배울 수 없다. 유튜브로 따라 할 수도 없다. 그래서 유일무이한 진짜 경쟁력이다.

스펙을 쌓는 시간의 절반만이라도 태도를 다듬는 데 쓰자. 자격증 하나 더 따는 것보다 인성 하나 더 키우는 게 더 오래 간다. 세상은 결국 당신이 무엇을 아는지가 아니라 당신이 어떤 사람인지를 본다.

끝까지 남는 것은 사람됨이다

군대에서 전역한 뒤 10년이 지나면 무엇이 남을까? 사격 실력? 체력? 군사 지식? 대부분 잊힌다. 하지만 하나는 남는다. 그때 당신이 보여준 태도다. 힘든 훈련에서도 동료를 챙기던 모습, 부조리한 상황에서도 바른 소리를 내던 용기, 계급이 낮아도 품격을 잃지 않던 자세. 그리고 이 태도가 당신의 평생 브랜드가 된다.

회사에서도 마찬가지다.

"우리 회사 임원진을 보면 공통점이 있어요. 다들 신입 때부터 태도가 좋았던 사람들이에요. 일은 서툴러도 배우려는 자세가 있었고, 실수해도 책임지는 모습을 보였죠. 반대로 일만 잘하고 태도가 나쁜 사람들은 대리나 과장급에서 멈췄어요."

한 제조업체 사장의 말이다. 능력은 순간을 빛나게 하지만 태도는 평생을 빛나게 한다.

10년 뒤 가장 성공한 사람들의 공통점은 '함께 일하고 싶은 사람'이었다. 힘들 때 믿을 수 있는 사람, 위기 때 의지할 수 있는 사람, 오래 함께 가고 싶은 사람. 인성이 그들의 인맥을 만들었고, 기회를 주었다.

이 책을 덮는 순간, 마음 한켠에 이런 물음이 남았으면 한다. 10년 뒤 사람들은 당신을 어떻게 기억할까? "그 사람 진짜 똑똑했어"라고 할까? 아니면 "그 사람 정말 좋은 사람이었어"라고 할까? 전자는 감탄을 남기지만 후자는 그리움을 남긴다. 당신은 어떤 것을 남기고 싶은가?

AI가 당신의 일을 대신할 수 있어도 당신의 따뜻함은 대신할 수 없다. 로봇이 당신보다 정확할 수 있어도 당신의 진심은 흉내 낼 수 없다. 기술이 당신보다 빠를 수 있어도 당신의 품격은 복제할 수 없다.

세상은 계속 변한다. 기술은 발전하고, 트렌드는 바뀌고, 스펙의 기준도 높아진다. 하지만 단 하나 변하지 않는 진리가 있다. 사람은 결국 사람됨으로 평가받는다는 진리. 그러니 기억하라. 당신이 쌓는 스펙은 언젠가 낡겠지만 당신이 키우는 태도는 평생 간다. 당신이 배우는 기술은 언젠가 대체되지만, 당신이 보여주는 인성은 영원히 유일무이하다. 복제할 수 있는 것에 매달리지 말고 복제 불가능한 것을 키워라.

모방 가능한 시대, 유일무이한 경쟁력은 태도와 인성이다. 그것이 끝까지 남는 당신의 진짜 가치다.

세상은 점점 더 똑같아진다. 말투도, 방식도, 목표도 비슷하다. 하지만 결국 사람을 구분 짓는 건 결과가 아니라 태도다. 실수를 대하는 태도, 약속을 지키는 태도, 타인을 대하는 태도가 그 사람의 품격을 결정한다. 기술은 따라잡을 수 있지만, 태도는 흉내 낼 수 없다. 인성은 포장할 수 없고, 삶으로 증명되어야 한다. 그래서 진짜 경쟁력은 언제나 '사람다움'에 있다. 모방의 시대일수록, 당신의 태도가 당신을 정의한다.

02.
카피 가능한 사람과 불가능한 사람의 차이

기술은 배울 수 있지만, 품격은 배우는 게 아니다

　세상에는 두 종류의 사람이 있다. 카피가 가능한 사람과 불가능한 사람. 전자는 누구나 될 수 있지만 후자는 아무나 될 수 없다. 카피 가능한 사람의 특징은 명확하다. 그들은 기술로 승부한다. 엑셀을 잘 다루고, 영어를 유창하게 하고, 프레젠테이션을 멋지게 한다. 이런 기술은 누구나 배울 수 있다. 학원에 다니면 되고, 유튜브를 보면 되고, 책을 읽으면 된다. 노력하면 누구나 도달할 수 있는 영역이다. 그래서 대체 가능하다.

반면 카피 불가능한 사람은 다르다. 그들은 기술 위에 품격을 얹는다. 일을 잘하는 것은 기본이고, 그 위에 신뢰를 쌓는다. 능력이 있는 것은 당연하고, 그 위에 배려를 더한다. 이런 품격은 배울 수 없다. 학원에서 가르치지 않고, 유튜브에도 없고, 책으로도 전달되지 않는다. 이건 오직 살아온 시간이 만들어낸다.

얼마 전 한 IT 스타트업에서 시니어 개발자를 뽑는 면접이 있었다. 최종 후보 두 명이 남았다. A는 대기업 출신에 화려한 포트폴리오를 가진 개발자였다. 기술 면접에서 만점을 받았고, 코딩 테스트도 완벽했다. B는 중소기업 출신에 포트폴리오는 평범했다. 기술 면접도 A보다 점수가 낮았다. 하지만 마지막 질문에서 차이가 났다.

"후배 개발자가 당신의 코드를 이해하지 못해서 자꾸 물어봅니다. 어떻게 하시겠습니까?"

A는 답했다.

"제 시간이 아까우니 문서를 만들어서 주겠습니다."

B는 답했다.

"같이 앉아서 천천히 설명해 주겠습니다. 제가 주니어 때 선배들에게 그렇게 배웠거든요."

회사는 B를 뽑았다. 대표의 말이 인상적이었다.

"A는 뛰어난 개발자지만 B는 함께 성장할 수 있는 사람입니다. 기술은 가르칠 수 있지만 태도는 가르칠 수 없습니다."

이 사례가 말해주는 것은 분명하다. 기술은 카피할 수 있지만, 품격은 카피 불가능하다. A의 실력은 누구나 배울 수 있다. 하지만 B의 태도는 아무나 가질 수 없다. 그것은 그가 살아온 방식, 그가 믿는 가치, 그가 지켜온 원칙에서 나온 것이기 때문이다.

대체할 수 있는 인재 vs 대체 불가능한 인재

군대에서도 똑같다. 카피할 수 있는 병사는 임무만 수행한다. 명령을 듣고, 지시를 따르고, 주어진 일을 한다. 이것만으로도 군 생활은 할 수 있다. 하지만 이런 병사는 언제든 교체할 수 있다. 누가 와도 똑같이 할 수 있는 일이기 때문이다.

반면 카피 불가능한 병사는 임무 이상을 한다. 명령받은 일뿐 아니라 필요한 것을 찾아서 한다. 자기 일만이 아니라 동료의 일도 챙긴다. 보이는 것뿐 아니라 보이지 않는 것까지 신경 쓴다. 이런 병사는 대체할 수 없다. 왜냐하면 그의 존재 자체가 부대의 자산이기 때문이다.

몇 년 전 한 육군 사단에서 훈련소 조교를 선발하는 일이 있었다. 체력과 사격 실력이 가장 뛰어난 병사는 C였다. 하지만 선발된 건 D였다. 간부들이 모여서 투표했는데 만장일치였다. 이유를 물으니 한 중대장이 답했다.

"C는 자기 일만 잘합니다. 하지만 D는 신병들 눈높이로 설명하고, 힘들어하는 신병을 끝까지 챙깁니다. 조교는 단순히 잘하는 사람이 아니라 신병을 잘 키우는 사람이어야 합니다. 그건 기술이 아니라 마음입니다."

회사도 마찬가지다. 카피할 수 있는 직원은 실적을 낸다. 목표를 달성하고, 보고서를 쓰고, 프로젝트를 완수한다. 이것만으로도 직장 생활은 할 수 있다. 하지만 이런 직원은 더 나은 조건이 오면 떠난다. 충성도는 연봉에 비례하기 때문이다.

반면 카피 불가능한 직원은 실적 이상을 만든다. 숫자뿐 아니라 문화를 만들고, 개인의 성과뿐 아니라 팀의 성장을 만들고, 단기 목표뿐 아니라 장기 신뢰를 만든다. 이런 직원은 회사가 붙잡는다. 그의 가치는 연봉으로 환산

할 수 없기 때문이다.

대체할 수 있는 인재와 대체 불가능한 인재의 차이는 무엇인가? 전자는 기술로 일하고 후자는 품격으로 일한다. 전자는 할 수 있는 것을 하고 후자는 해야 할 것을 한다. 전자는 보이는 것을 신경 쓰고 후자는 보이지 않는 것까지 배려한다. 그 차이가 결국 운명을 가른다.

당신은 어느 쪽인가? 대체할 수 있는 사람인가? 대체 불가능한 사람인가? 카피 될 수 있는 사람인가? 카피 될 수 없는 사람인가? 그 답은 당신의 기술이 아니라 당신의 품격에 있다.

품격은 시간이 만들지만, 선택이 완성한다

품격은 하루아침에 만들어지지 않는다. 그것은 시간의 축적이다. 수백 번의 작은 선택이 쌓이고, 수천 번의 작은 행동이 모여야 한다. 그리고 수만 번의 작은 배려가 녹아서 품격이라는 이름으로 완성된다. 그래서 카피할 수 없다. 그건 복사-붙여넣기로 만들어지는 게 아니다.

하지만 시간만으로는 부족하다. 품격을 완성하는 것은 결국 선택이다. 매 순간 어떤 길을 선택하는가? 쉬운 길과 옳은 길 사이에서 편한 선택과 바른 선택 사이에서 당신은 어느 쪽을 고르는가?

최근 한 대기업 신입사원 연수에서 있었던 일이다. 팀 프로젝트를 하는데 한 팀원이 개인 사정으로 며칠 빠지게 됐다. 나머지 팀원들은 둘로 갈렸다. "얘 몫까지 우리가 왜 해야 해?"라는 쪽과 "어쩔 수 없잖아, 우리가 나눠서 하자"라는 쪽. 결국 후자가 선택됐고 그 팀은 프로젝트에서 1등을 했다. 하지만 더 중요한 결과는 그 이후에 나타났다.

3개월 뒤 부서 배치가 있었다. 회사는 그날 배려했던 팀원들을 핵심 부서에 배치했다. 인사 담당자가 말했다.

"우리는 그날 지켜봤습니다. 누가 팀을 생각하고 누가 자기만 생각하는지. 실력은 가르칠 수 있지만 품격은 가르칠 수 없습니다. 우리는 품격 있는 사람과 함께 일하고 싶습니다."

이 이야기처럼 품격은 보는 사람이 있을 때만 발휘되는 게 아니다. 오히려 아무도 보지 않을 때, 손해 볼 것 같을 때, 불리한 상황에서도 바른 선택을 하는 것. 그게 진짜 품격이고 그게 카피 불가능한 당신만의 가치다. 기술은 노력으로 얻지만, 품격은 선택으로 완성된다. 그래서 진짜 경쟁력은 기술이 아니라 품격이다.

카피할 수 있는 것에 매달리지 말고, 카피 불가능한 것을 키워라. 기술로 시작하되 품격으로 완성하라. 그것이 세상이 당신을 기억하는 방식이다.

'카피할 수 있는 사람'은 대체되지만 '카피 불가능한 사람'은 기억된다. 그 차이는 기술이 아니라 품격이다.

> 누구나 비슷한 스펙을 갖고, 비슷한 기술로 일한다. 하지만 이상하게도, 어떤 사람은 오래 기억된다. 그 차이는 기술이 아니라 태도와 품격이다. 말보다 태도, 성과보다 신뢰. 기술은 배울 수 있지만, 태도는 선택으로 쌓인다. '카피 가능한 사람'은 대체되지만, '카피 불가능한 사람'은 기억된다. 그 차이를 만드는 건 결국 당신의 품격이다.

03.
기술은 흉내 낼 수 있어도 성품은 어렵다

전수되는 것과 훈련되는 것의 차이

세상에는 전수할 수 있는 것과 전수할 수 없는 것이 있다. 기술은 가르칠 수 있다. 선배가 후배에게, 선생이 학생에게, 간부가 병사에게 지식을 전달할 수 있다. 엑셀 함수 쓰는 법, 총기 분해 조립법, 보고서 작성법. 이런 것들은 매뉴얼이 있고, 순서가 있고, 방법이 있다. 배우면 된다.

하지만 성품은 다르다. 성품은 가르칠 수 없다. 전수할 수 없다. 복사해서 붙여 넣을 수도 없다. 성품은 오직 훈련되어야 한다. 그것도 자신의 의지로 매일의 선택을 하면서 수없이 많은 순간의 결정으로 만들어진다. 누가 대신해 줄 수 없고 누가 강제할 수도 없다. 오직 당신만이 당신의 성품을 만들 수 있다.

기술과 성품의 차이는 명확하다. 기술은 머리로 배우지만, 성품은 몸으로 익힌다. 기술은 한 번 배우면 되지만 성품은 평생 훈련해야 한다. 기술은 상황에 따라 쓰거나 안 쓸 수 있지만, 성품은 어떤 상황에서도 일관되게 드러난다. 그래서 기술은 흉내 낼 수 있어도 성품은 흉내 낼 수 없다.

얼마 전 한 공군 부대에서 정비사 교육이 있었다. 두 명의 병사가 똑같은 교육을 받았다. E는 머리가 좋아서 이론을 금방 이해했고, 실습도 빠르게 따라 했다. F는 좀 느렸지만 꾸준히 노트를 정리하고 모르는 것은 계속 물어봤다. 6개월 뒤, 두 사람 모두 정비 기술이 비슷한 수준이 됐다.

하지만 1년 뒤, 차이가 났다. 어느 날 야간 근무 중에 긴급 상황이 발생했다. 항공기 엔진에 이상이 생긴 것이다. E는 "내 근무 시간 아닌데 왜 나를 부르냐?"라며 불평했다. F는 곧바로 달려와서 밤새 문제를 해결했다. 간부들은 그날 밤을 기억한다.

"기술은 둘 다 가졌지만 책임감은 F만 가졌더라고요. 기술은 가르쳤지만, 성품은 원래부터 그 친구 안에 있던 겁니다."

이 사례가 말해주는 것은 분명하다. 지식은 전수되지만 인성은 훈련되어야 한다. E에게 기술을 가르칠 수는 있었지만 책임감을 가르칠 수는 없었다. 그건 강의실에서 배우는 게 아니라 매일의 선택 속에서 스스로 키워야 하는 것이기 때문이다.

흉내는 잠깐, 본색은 영원

기술은 흉내 낼 수 있다. 누군가를 보고 따라 하면 된다. 선배가 하는 대로, 매뉴얼에 나온 대로 하면 된다. 영상에서 본 대로 하면 된다. 겉으로 보기에는 비슷하다. "저 사람 일 잘하네" 싶다. 하지만 시간이 지나면 본색이 드러난다.

바로 성품 때문이다. 성품은 흉내 낼 수 없다. 억지로 친절한 척할 수는 있지만 진짜 친절은 가식이 아니라 자연스럽게 나온다. 거짓으로 책임감 있는 척할 수는 있지만 진짜 책임감은 위기 상황에서 저절로 발동된다. 잠깐은 연기할 수 있어도 평생 연기할 수는 없다. 결국 본색이 나온다.

몇 년 전 한 대기업 영업팀에서 있었던 일이다. 신입사원 G와 H가 입사했다. 둘 다 면접 때는 완벽했다. "팀워크를 중시합니다", "동료를 존중합니다", "책임감 있게 일하겠습니다." 똑같은 말을 했다. 처음 3개월은 둘 다 모범적이었다. 선배들 말을 잘 들으며 업무를 성실히 했다. 회식에도 적극적이었다. 그리고 기술도 빠르게 배웠다.

하지만 6개월이 지나자, 차이가 났다. 큰 프로젝트가 실패했고 팀 전체의 책임이었지만 누군가는 화살을 피하고 싶어 했다. G는 회의에서 "제 파트는 문제없었습니다"라며 자기방어에 급급했다. H는 "제가 초반에 놓친 부분이 있었습니다. 다음엔 더 꼼꼼히 체크하겠습니다"라고 말했다. 팀장은 그날 두 사람을 정확히 구분했다.

"G는 기술은 있지만 성품은 부족하고 H는 둘 다 있더라."

1년 뒤, H는 주요 고객을 맡았고 G는 단순 업무만 했다. 왜? 고객은 실력만 보는 게 아니기 때문이다. 믿을 수 있는 사람인지를 본다. 기술은 누구나 갖출 수 있지만 신뢰는 아무나 얻을 수 없다. 신뢰는 성품에서 나온다. 그리고 성품은 흉내 낼 수 없다.

군대도 마찬가지다. 처음 몇 달은 다들 모범 병사처럼 보인다. 명령 잘 듣고, 규정 잘 지키고, 훈련도 열심히 한다. 하지만 시간이 지나면 본색이 나온다. 아무도 안 볼 때도 똑같이 행동하는 사람과 눈치 보면서 행동하는 사람으로 갈린다. 후임을 진심으로 챙기는 사람과 겉으로만 챙기는 척하는 사람이 결국 다 드러난다.

흉내는 잠깐이지만 본색은 영원이다. 당신의 기술은 한순간 사람들을 속일 수 있어도 당신의 성품은 시간이 지나면 모두에게 보인다. 그래서 진짜 중요한 일은 기술을 닦는 것이 아니라, 성품을 훈련하는 것이다.

성품은 훈련·습관·선택이다

어떤 사람들은 말한다.

"나는 원래 이런 성격이야."

하지만 그건 핑계다. 성격과 성품은 다르다. 성격은 타고난 기질이지만, 성품은 만들어가는 인격이다. 성품은 타고 나는 것이 아니다. 당신이 어떤 성격을 타고났든 좋은 성품은 훈련으로 만들 수 있다.

성품 훈련은 어렵지 않다. 거창한 것이 아니다. 매일 작은 선택을 바르게 하는 것이다. 아무도 안 볼 때도 약속을 지키는 것, 불리해도 정직하게 말하는 것, 힘들어도 맡은 일을 끝까지 하는 것. 이런 작은 선택들이 쌓여서 습관이 되고 그 습관이 모여서 성품이 된다.

최근 한 해군 부대에서 수병들의 자율 청소 시간이 있었다. 간부가 없는 시간이었다. 대부분의 수병은 대충 쓸고 닦고 끝냈다. 어차피 누가 보는 것도 아니고 검사하는 것도 아니니까. 하지만 한 수병은 달랐다. 구석구석 깨끗이 닦고 창문까지 정성껏 닦았다. 동료가 물었다.

"왜 이렇게까지 해? 어차피 간부들 안 와."

수병이 답했다.

"내가 여기서 생활하는데 깨끗한 게 좋잖아요. 누가 보든 안 보든."

3개월 뒤, 그 수병은 함정 근무를 지원했고, 경쟁률 10 대 1을 뚫고 선발됐다. 면접관이 물었다.

"왜 당신을 뽑아야 합니까?"

수병은 특별한 답을 하지 않았다. 하지만 면접관들은 이미 알고 있었다. 생활관에서 그가 어떻게 행동하는지를. 아무도 안 볼 때도 최선을 다하는 모습을.

"저런 사람이 함정에 필요합니다. 기술은 가르치면 되지만, 저런 태도는 가르칠 수 없으니까요."

성품은 훈련이다. 한 번의 결심이 아니라 매일의 반복이다.

성품은 습관이다. 가끔 잘하는 게 아니라 항상 그렇게 하는 것이다.

성품은 선택이다. 쉬운 길과 옳은 길 사이에서 당신이 어느 쪽을 고르느냐의 문제다.

기술은 순간을 빛나게 하지만, 성품은 평생을 빛나게 한다. 그래서 진짜 경쟁력은 기술이 아니라 성품이다. 아무도 보지 않을 때의 행동이 진짜 당신이고 불리할 때의 선택이 진짜 당신의 가치다. 기술을 배우되 성품을 훈련하라. 지식을 쌓되 인성을 키워라.

기술은 흉내 낼 수 있어도 성품은 어렵다. 지식은 전수되지만 인성은 훈련되어야 한다. 그리고 그 훈련은 지금 당신의 작은 선택에서 시작된다.

세상은 기술로 시작하지만, 결국 성품으로 완성된다. 기술은 배우면 되지만, 성품은 살아내야 한다. 가르칠 수 있는 것은 한계가 있지만, 스스로 훈련한 마음의 태도는 평생을 지탱한다. 아무도 보지 않을 때의 행동, 불리할 때의 선택, 그 모든 순간이 당신의 성품을 만든다. 기술은 전수될 수 있지만, 성품은 훈련되어야 한다. 기술은 잠시 빛나지만, 성품은 오래 남는다. 그래서 진짜 경쟁력은 머리가 아니라 마음에서 나온다.

04.
디지털 시대, 인간성을 잃지 않는 법

기계가 잘하는 것과 사람만 할 수 있는 것

우리는 지금 기계가 사람보다 뛰어난 시대를 살고 있다. AI는 당신보다 빠르게 계산하고, 당신보다 정확하게 번역하고, 당신보다 그럴듯하게 글을 쓴다. 로봇은 24시간 쉬지 않고 일하고, 불평도 없다. 효율, 속도, 정확성 영역에서 인간은 이미 졌다.

하지만 기계가 절대 흉내 낼 수 없는 것이 있다. 바로 '사람다움'이다. 기계는 데이터를 분석하지만 사람은 마음을 읽는다. 기계는 정답을 말하지만 사람은 위로를 건

낸다. 기계는 명령을 수행하지만 사람은 의미를 만든다. 디지털이 발전할수록 역설적으로 인간성의 가치는 더 높아지고 있다.

최근 한 은행 고객센터에서 있었던 일이다. 고객들은 이제 대부분의 은행 업무를 AI 챗봇으로 처리한다. 빠르고, 정확하고, 편리하다. 하지만 어느 날 한 노인 고객이 전화를 걸었다.

"통장에 적금이 만기 됐다는데 이걸 어떻게 해야 하나요?"

AI는 정확한 절차를 안내했다.

"앱에서 만기 해지 버튼을 누르시면 됩니다."

노인은 말했다.

"그게… 저는 앱을 잘 모르는데…"

AI는 같은 답변을 반복했다. 정확하지만 차갑게. 노인은 전화를 끊었다. 그리고 다음 날 직접 은행 지점을 찾아왔다. 창구 직원이 물었다.

"어제 전화하셨죠? 제가 도와드릴게요."

직원은 30분 동안 천천히 반복해서 설명해 줬다. 노인은 고맙다며 여러 번 인사했고 나가면서 말했다.

"요즘은 다 기계더라고. 당신 같은 사람이 있어서 참 다행이야."

AI는 정답을 주지만 사람은 공감을 준다. 기계는 효율적이지만 사람은 따뜻하다. 디지털 시대일수록 이 따뜻함이 희귀한 경쟁력이 된다. 모두가 기계처럼 일할 때 사람답게 일하는 사람이 특별한 시대다.

디지털은 빠르지만, 인간성은 깊다

디지털 세상은 빠르다. 카톡으로 연락하고, 이메일로 보고하고, 화상으로 회의한다. 클릭 한 번에 정보를 얻고 터치 한 번에 물건을 산다. 모든 것이 빠르고, 효율적이다. 하지만 그 속도 속에서 우리는 무언가를 잃어가고 있다. 바로 깊이다.

디지털은 넓지만 얕다. 천 명의 친구가 있지만 진짜 친구는 없고, 백 개의 대화방이 있지만 진짜 대화는 없다. 수백 개의 '좋아요'를 받지만 진짜 인정은 받지 못한다. 빠르게 연결되지만 깊게 연결되지 않는다. 그래서 외롭다. 디지털 시대의 역설이다.

얼마 전 한 육군 부대에서 병사들의 스마트폰 사용 시

간을 조사했다. 평균 하루 5시간. SNS를 보고, 유튜브를 보고, 게임을 한다. 하지만 생활관에서 서로 대화하는 시간은 30분도 안 됐다. 병사들은 같은 공간에 있지만 각자의 화면 속에 있었다.

그런데 한 소대는 달랐다. 소대장이 규칙을 만들었다.

"저녁 8시부터 9시까지는 휴대전화 금지. 그 시간에는 서로 얘기하자."

처음엔 불평이 많았다.

"왜 휴대전화를 못 쓰게 해요?"

하지만 한 달 뒤 변화가 생겼다. 병사들이 서로의 이야기를 들었다. 고향 얘기, 꿈 얘기, 고민 얘기. 화면이 아니라 얼굴을 보며 대화했다.

3개월 뒤 그 소대는 부대 평가에서 1등을 했다. 전투력? 아니었다. 팀워크였다.

"디지털은 빠르지만 인간성은 깊습니다. 우리는 빠른 연결이 아니라 깊은 연결을 만들었습니다. 그게 진짜 전투력입니다."

소대장의 말에 병사들도 동의했다.

"처음엔 불편했는데 지금은 이 시간이 제일 좋아요. 진짜 친구가 생긴 것 같아요."

디지털은 편리하지만 인간성은 진짜다. 디지털은 빠르지만 인간성은 오래간다. 디지털은 많이 연결하지만 인간성은 깊이 연결한다. 기계의 시대일수록 사람다움을 잃지 않는 사람이 진짜 경쟁력을 갖는다.

'사람다움'은 선택이다

디지털 시대에 인간성을 잃지 않는 법은 어렵지 않다. 거창한 것이 아니다. 작은 선택의 문제다. 카톡 대신 전화를 걸어보는 것. 이모티콘 대신 진짜 감정을 말하는 것. 화면을 보는 대신 사람을 보는 것. 이런 작은 선택들이 당신의 인간성을 지킨다.

회사에서도 마찬가지다. 이메일로 끝낼 수 있지만 직접 찾아가서 말하는 것. 메신저로 피드백할 수 있지만 얼굴 보고 이야기하는 것. 단체 메시지 대신 개별로 안부를 묻는 것. 이런 것들이 불편해 보이지만 이 '불편함'이 당신을 특별하게 만든다.

최근 한 IT 스타트업 대표가 신입사원을 뽑는 면접에서 특이한 질문을 했다.

"우리 회사는 메신저로 모든 걸 처리합니다. 당신은 어떻게 하시겠습니까?"

대부분의 지원자는 답했다.

"효율적이네요. 저도 메신저를 선호합니다."

하지만 한 지원자는 달랐다.

"중요한 일은 직접 얘기하고 싶습니다. 글로는 전달 안 되는 것들이 있으니까요."

대표는 그를 뽑았다. 이유를 물으니 명확했다.

"우리 회사는 이미 디지털화됐습니다. 효율적이죠. 하지만 그 안에서 뭔가 잃어가고 있다는 걸 느꼈어요. 팀워크가 약해지고, 신뢰가 떨어지고, 사람 냄새가 사라지더라고요. 저 친구는 그걸 채워줄 수 있는 사람입니다. 디지털 시대에 인간성을 잃지 않은 사람. 그게 우리에게 필요한 사람입니다."

6개월 뒤, 그 직원은 팀의 중심이 됐다. 메신저로 끝낼 수 있는 일도 직접 찾아가서 물어보고, 화상 회의로 할 수 있는 일도 가능하면 대면으로 했다. 간단한 업무 지시도 한마디 안부를 덧붙였다. 비효율적? 아니었다. 오히려 팀의 생산성이 올라갔다. 왜? 사람들은 일이 아니라 사람을 위해 일하기 시작했기 때문이다.

기계가 잘하는 것을 따라가지 마라. 사람만이 할 수 있는 것을 하라. AI가 대신할 수 없는 것에 집중하라. 속도가 아니라 깊이, 편리함이 아니라 진심, 효율이 아니라 공감을 선택하라. 그것이 디지털 시대에 인간성을 잃지 않는 법이다.

모두가 클릭할 때 당신은 악수하라. 모두가 메시지를 보낼 때 당신은 목소리를 들려줘라. 그 작은 선택들이 모여 당신을 기계가 아닌 사람으로, 디지털이 아닌 인간으로 만든다.

디지털 시대, 기계의 시대일수록 '사람다움'이 희귀한 경쟁력이다. 모두가 빨라질 때 당신은 깊어져라. 그것이 진짜 경쟁력이다.

디지털은 빠르지만, 마음은 느리다. 기술이 아무리 발전해도, 사람의 따뜻함은 대체되지 않는다. 화면 너머의 세상에서 가장 귀한 건 연결이 아니라 공감이다. 효율이 중요해질수록 진심이 경쟁력이 되고, 자동화가 늘어날수록 인간성이 희소해진다. 모두가 속도를 높일 때, 당신은 깊이를 선택하라. 기계는 정답을 내지만, 사람은 의미를 만든다.

그것이 디지털 시대를 인간답게 살아가는 법이다.

05.
진정성이 만드는 신뢰의 가치

말은 많지만 신뢰는 없는 시대

요즘 세상은 말이 넘친다. SNS에는 멋진 문구들이 가득하고, 자소서에는 화려한 포부가 적혀 있고, 면접장에는 그럴듯한 답변이 쏟아진다. "팀워크를 중시합니다", "책임감 있게 일하겠습니다", "성실함이 제 장점입니다." 모두가 비슷한 말을 한다. 하지만 정작 믿을 수 있는 사람은 드물다.

말은 쉽다. 누구나 할 수 있다. 준비하면 되고, 연습하면 되고, 따라 하면 된다. 하지만 신뢰는 어렵다. 신뢰는 오직 진정성에서만 나온다. 그리고 진정성은 꾸밀 수 없다.

진정성과 꾸밈의 차이는 어렵지 않다. 꾸밈은 겉으로 보기 좋지만 속은 비어 있고, 진정성은 겉은 평범해 보여도 속은 단단하다. 꾸밈은 한두 번은 통하지만 시간이 지나면 들통나고, 진정성은 처음엔 알아보지 못해도 시간이 지날수록 빛난다. 사람들은 결국 안다. 누가 진짜고 누가 가짜인지.

몇 년 전 한 대기업 인사팀에서 신입사원 평가 회의가 있었다. 입사한 지 6개월이 지난 시점이었다. 인사팀은 면접 때 가장 인상적이었던 J와 평범해 보였던 K를 비교했다. J는 면접 때 완벽했다. 유창한 말솜씨, 자신감 넘치는 태도, 준비된 답변. 반면 K는 어눌했다. 말도 더듬고, 자신감도 없어 보였다. 당연히 J가 더 높은 점수를 받았다.

하지만 6개월 뒤 평가는 뒤집혔다. J는 말만 많고 행동은 없었다. 회의 때는 적극적인 척하지만 정작 일은 미루고, 팀워크를 강조하지만 실제로는 혼자만 잘 보이려 했다. 반면 K는 말은 적었지만 행동이 많았다. 묵묵히 일하고, 동료를 챙기고, 약속을 지켰다. 팀장이 말했다.

"J는 면접을 잘 봤지만 K는 백 마디 말보다 하나의 진정성이 더 강합니다."

신뢰는 말로 쌓이지 않는다. 태도로 쌓인다. 화려한 말 백 마디보다 꾸밈없는 태도 하나가 더 강력하다. 사람들은 당신의 말을 듣지만 당신의 태도를 믿는다.

진정성은 숨길 수 없고, 거짓도 숨길 수 없다

진정성의 가장 큰 특징은 숨길 수 없다는 것이다. 진짜 친절은 억지로 하지 않아도 자연스럽게 나온다. 진짜 책임감은 명령하지 않아도 스스로 움직인다. 진짜 배려는 계산하지 않아도 몸에 배어 있다. 이런 것들은 연기할 수 없다. 왜냐하면 진정성은 습관이기 때문이다.

반대로 거짓도 숨길 수 없다. 잠깐은 속일 수 있어도 오래는 못 간다. 친절한 척, 책임감 있는 척, 배려하는 척. '척'은 언젠가 들통난다. 위기 상황이나 아무도 안 볼 때, 불리한 순간에 본색이 드러난다.

어느 겨울날, 한 해병대 부대에서 동계 훈련 중의 일이다. 눈보라가 치는 야간 행군이었다. 모두가 지쳐 있었다. 그런데 한 병사가 배낭을 제대로 못 메고 뒤처지기 시작했다. 그 순간 두 명의 선임이 다르게 반응했다. L은 큰 소리로 말했다.

"야, 정신 차려! 군인이 그래서 되겠어?"

훈련 때마다 동료애를 강조하던 선임이었다. 하지만 막상 직접 도와주지는 않았다.

M은 말이 없었다. 평소에도 말이 적은 선임이었다. 그런데 조용히 뒤처진 병사에게 다가가서 자기 배낭을 벗었다.

"잠깐, 내가 네 거 들어줄게. 넌 내 거 들어."

무거운 배낭을 바꿔 메고 함께 걸었다. 말은 없었지만 행동이 있었다. 병사는 그날을 평생 기억했다. 전역 후 면접에서 물었다.

"군대에서 배운 게 뭡니까?"

그는 M 선임 이야기를 했다.

"진정성은 말이 아니라 행동이라는 걸 배웠습니다."

L과 M의 차이는 무엇이었나? L은 동료애를 말했고 M은 동료애를 보여줬다. L은 꾸몄고 M은 진짜였다. 시간이 지나면서 부대 전체가 알게 됐다. 누구의 말을 듣고 누구의 행동을 믿어야 하는지.

진정성은 숨길 수 없다. 진짜는 언젠가 드러나고 가짜

도 언젠가 들통난다. 사람들은 당신이 무슨 말을 하는지보다 어떤 사람인지를 기억한다. 말은 잊혀도 태도는 남는다. 그래서 진정성이 중요하다.

신뢰는 쌓기는 오래 걸리지만, 무너지는 건 순식간

신뢰를 쌓는 데는 시간이 걸린다. 하루이틀의 진정성으로는 부족하다. 꾸준히 일관되게 오랫동안 보여줘야 한다. 말과 행동이 일치하는 모습, 아무도 안 볼 때도 똑같은 모습, 불리해도 바른 선택을 하는 모습. 이런 모습이 쌓여서 신뢰가 된다.

하지만 신뢰가 무너지는 것은 순식간이다. 단 한 번의 거짓말, 단 한 번의 배신, 단 한 번의 이중성. 그것만으로도 쌓아 온 모든 신뢰가 무너진다. 그래서 신뢰는 어렵고 귀하다.

최근 한 중견기업 영업팀에서 있었던 일이다. 팀장 N은 5년 동안 팀원들에게 신뢰를 쌓아왔다. 힘든 프로젝트 때 함께 밤을 새우고 실수한 팀원을 감싸줬다. 성과는 팀원에게 돌리고 책임은 본인이 졌다. 팀원들은 N을 존경하며 따랐다.

그런데 어느 날 큰 프로젝트를 둘러싼 성과 분쟁이 생겼다. 회사는 누구의 공인지 따지기 시작했다. 팀원 O가 실질적으로 주도한 프로젝트였다. 하지만 N은 임원 회의에서 자기가 한 것처럼 보고했다. O는 그 자리에 없었고 나중에 다른 팀원에게서 전해 듣고 알게 됐다.

O는 N을 찾아갔다.

"팀장님, 왜 그러셨어요? 제가 한 거라고 말씀하셨어야죠."

N은 변명했다.

"회사가 그렇게 보고하래서… 나중에 네 이름도 언급할게."

하지만 O는 더 이상 말하지 않았다. 그냥 고개만 끄덕이고 나왔다. 그날 이후, 팀 분위기가 바뀌었다. 5년 동안 쌓은 신뢰가 한순간에 무너졌다. 6개월 뒤 O를 포함한 3명의 핵심 팀원이 퇴사했다.

이처럼 신뢰는 쌓기는 어렵지만 무너지는 건 쉽다. 수천 번의 진정성도 단 한 번의 거짓으로 무효가 된다. 그래서 신뢰는 지키는 게 중요하다. 한 번 잃으면 다시 얻기 어렵다.

말은 많지만 신뢰는 부족한 시대다. 그래서 진정성 있는 사람이 귀하다. 백 마디 말보다 하나의 진정한 태도가 더 강력하다. 화려한 포장보다 꾸밈없는 진심이 더 오래 간다. 순간의 인상보다 일관된 행동이 더 신뢰받는다. 그러니 말로 포장하지 말고 태도로 증명하라. 꾸미려 하지 말고 진짜가 돼라. 그것이 진정성이고 신뢰를 만드는 유일한 방법이다.

진정성이 만드는 신뢰의 가치. 꾸밈없는 태도 하나가 백 마디 말보다 신뢰를 쌓는다. 그것이 세상이 당신을 기억하는 방식이다.

> 진정성은 말보다 강하다. 말은 누구나 할 수 있지만, 신뢰는 아무나 얻지 못한다. 꾸밈은 잠시 통하지만, 진심은 끝내 드러난다. 사람들은 당신의 말을 듣지만, 결국 당신의 태도를 믿는다. 화려한 약속보다 일관된 행동이, 완벽한 말보다 꾸밈없는 진심이 더 오래 남는다. 신뢰는 하루에 쌓이지 않지만, 한순간에 무너질 수 있다. 그래서 진정성은 가장 단단한 경쟁력이다. 말로 포장하지 말고 태도로 증명하라. 그것이 세상이 당신을 기억하는 방식이다.

제3장 ‖ 태도는 운명을 바꾼다

사람은 실력으로 주목받지만, 결국 태도로 기억된다. 태도는 말보다 빠르게 읽히고, 신뢰는 그 태도에서 비롯된다. 능력이 비슷한 사람들 속에서도 끝까지 남는 이는 위기 앞에서도 품격을 잃지 않는 사람이다. 예의는 약함이 아니라 강인함의 표현이며, 감정 조절은 인격의 깊이를 드러내는 언어다. 실수와 실패는 누구에게나 있지만, 그때의 태도가 미래를 바꾼다. 실력은 순간을 이기지만, 태도는 인생을 남긴다.

태도는 실력보다 먼저 읽힌다.

01.
태도는 실력보다 먼저 읽힌다

3초 안에 판단되는 것들

첫인상은 3초 안에 결정된다. 너무 짧다고 생각하는가? 의식적으로든 무의식적으로든 "이 사람 괜찮네" 또는 "이 사람 좀 그렇네"로 판단이 선다. 3초 동안 우리가 보는 것은 단순한 실력은 아니다. 학벌, 경력, 자격증도 보이지 않는다. 어떻게 인사하는지, 어떤 표정을 짓는지, 어떤 자세로 서 있는지와 같은 첫인상이다.

하지만 첫인상보다 더 강한 게 있다. 바로 '태도의 인상'이다. 첫인상은 바꿀 수 있다. 옷을 잘 입고, 미소를 짓고, 목소리를 조절하면 된다. 하지만 태도의 인상은 바꿀 수 없다. 시간이 지나면서 자연스럽게 드러나는 것이기 때문이다. 며칠, 몇 주, 몇 달을 함께하면 알게 된다. 그 사람의 진짜 태도를.

태도는 실력보다 먼저 읽힌다. 회의에서 발표를 잘하는지는 나중에 알 수 있지만 회의에 어떤 자세로 참여하는지는 바로 보인다. 프로젝트를 잘 수행하는지는 시간이 지나야 알지만 프로젝트에 어떤 마음으로 임하는지는 즉시 느껴진다. 그래서 태도가 먼저다. 사람들은 당신의 실력을 평가하기 전에 이미 당신의 태도를 읽고 있다.

얼마 전 한 중견기업 임원 면접에서 있었던 일이다. 최종 후보 두 명이 남았다. G는 화려한 경력에 완벽한 프레젠테이션을 준비했다. 면접장에 들어서며 자신감 넘치는 태도로 악수를 청했다. 발표도 훌륭했다. 하지만 면접관들은 뭔가 불편함을 느꼈다. G는 질문에 답하면서 계속 "제가 했습니다", "제 아이디어였습니다"를 강조했다. 팀에 관한 이야기는 없었다. 면접이 끝나고 나가면서도 사무실 직원들과 눈도 마주치지 않았다.

H는 평범한 경력에 프레젠테이션도 화려하지 않았다.

하지만 들어서면서 사무실 직원들에게 먼저 인사했다. "수고하십니다." 면접 중에는 "저희 팀이 했습니다", "동료들 덕분입니다"를 반복했다. 실패 사례를 물으니 솔직하게 인정했다.

"제가 판단을 잘못해서 팀에 피해를 줬습니다. 그때 많이 배웠습니다."

면접이 끝나고 면접관 한 명이 말했다.

"H가 더 나은 것 같습니다."

다른 면접관이 물었다.

"왜요? G가 실력은 더 좋은데."

첫 번째 면접관이 답했다.

"실력은 가르칠 수 있지만 태도는 가르칠 수 없습니다. H는 함께 일하고 싶은 사람이에요."

태도는 실력보다 먼저 읽힌다. 그리고 그 태도가 결국 당신의 기회를 만들거나 막는다.

태도는 숨길 수 없는 신호다

실력은 보여줄 수 있다. 포트폴리오를 만들고, 발표를 하고, 증명서를 제출하면 된다. 하지만 태도는 보여주는 게 아니다. 저절로 드러나는 것이다. 말투, 표정, 작은 행동에서 의식하지 않은 순간에 나오는 것들이 진짜 태도다.

태도는 신호를 보낸다. "이 사람은 믿을 만해" 또는 "이 사람은 조심해야 해". 이 신호는 거짓말하지 않는다. 그리고 사람들은 그 신호를 정확히 읽는다. 의식적으로든 무의식적으로든.

몇 년 전 한 육군 부대에서 신임 간부 I와 J를 관찰했다. 둘 다 첫날은 완벽했다. 병사들에게 친절하고 열심히 하는 모습을 보였다. 하지만 일주일이 지나자 차이가 보이기 시작했다. I는 상급자가 있을 때만 열심히 했다. 병사들끼리 있을 때는 태도가 달랐다. 무시하는 말투, 귀찮다는 표정, 건성으로 대하는 자세. 병사들은 금방 알았다.

"I 간부님은 보여주기용이에요."

J는 달랐다. 상급자가 있든 없든 똑같았다. 병사들에게 항상 존중하는 태도로 대했고 힘든 일이 있으면 먼저 나섰다. 그리고 실수하면 솔직히 인정했다. 화려하지 않았지만 일관됐다. 한 달이 지나자 병사들의 평가는 명확했다.

"J 간부님은 진짜예요. I 간부님은 가짜고요."

6개월 후 결과는 눈으로 나타났다. 부대에서 우수 간부를 선발할 때 J가 뽑힌 것이다. 대대장이 말했다.

"I는 보고할 때는 완벽해요. 하지만 병사들 반응이 별로더라고요. J는 보고는 평범한데 병사들이 따르더라고요. 태도는 숨길 수 없는 신호입니다. 병사들이 그 신호를 정확히 읽어요. 그리고 저도 그걸 봤습니다."

태도는 숨길 수 없는 신호다. 좋은 태도를 가진 사람은 의식하지 않아도 좋은 신호를 보낸다. 나쁜 태도를 가진 사람은 아무리 숨기려 해도 나쁜 신호가 새어 나온다. 그리고 사람들은 그 신호를 읽는다.

태도가 기회를 부른다

많은 사람이 착각하는 게 있다. 실력이 기회를 만든다고. 하지만 현실은 다르다. 실력은 문을 두드리게 하지만 태도가 문을 열게 한다. 면접 기회는 실력으로 얻지만 합격은 태도로 얻는다. 프로젝트 참여는 경력으로 결정되지만 다음 프로젝트는 태도로 결정된다.

왜? 사람들은 실력 있는 사람과 일하고 싶은 게 아니라 함께 하고 싶은 사람과 일하고 싶기 때문이다. 실력만 있고 태도가 나쁜 사람은 한 번은 기회를 얻지만 두 번은 얻지 못한다. 반대로 실력은 평범해도 태도가 좋은 사람은 계속 기회를 얻는다. 사람들이 "다음에도 저 사람과 하고 싶어"라고 생각하기 때문이다.

최근 한 IT 스타트업에서 프로젝트팀을 꾸릴 때였다. CEO가 팀장들에게 물었다. "K랑 L 중에 누구를 원해요?" K는 회사에서 손꼽히는 개발자였다. 실력은 최고였다. L은 평범한 개발자였다. 하지만 모든 팀장이 L을 원했다. CEO가 의아해했다.

"왜? 실력은 K가 훨씬 좋잖아요."

한 팀장이 답했다.

"K는 일은 잘하는데 같이 일하기 힘들어요. 자기 방식만 고집하고, 이견 조율이 안 되고, 문제 생기면 남 탓하고. 프로젝트는 완성되는데 팀은 지쳐요. L은 일은 평범한데 팀이 편해요. 의견을 잘 듣고, 협력을 잘하고, 문제가 생기면 같이 해결하려고 해요. 실력은 부족할 수 있지만 배우면 되잖아요. 하지만 태도는 못 고쳐요."

결국 L이 선택됐다. 프로젝트는 성공했다. 그 후 L은 계속 중요한 프로젝트에 투입됐다. 반면 K는 점점 배제됐다. 결국 1년 뒤 K는 퇴사했다. 실력으로 들어왔지만 태도로 퇴사까지 했다. 반면 L은 승진했다. 평범한 실력으로 시작했지만 좋은 태도로 올라갔다.

태도가 기회를 부른다. 첫 기회는 실력으로 얻을 수 있지만 지속적인 기회는 태도로만 얻는다. 사람들은 당신의 이력서를 보고 첫 만남을 결정하지만 당신의 태도를 보고 다음 만남을 결정한다. 그래서 진짜는 실력이 아니라 태도다.

당신은 지금 무엇을 키우고 있는가? 실력인가, 태도인가? 이력서를 꾸미고 있는가, 태도를 다듬고 있는가? 사람들이 당신의 실력을 보기를 바라는가, 당신의 태도를 느끼기를 바라는가? 사람들은 당신의 스펙을 읽기 전에 이미 당신의 태도를 느낀다. 당신의 말을 듣기 전에 이미 당신의 태도를 본다. 당신의 일을 평가하기 전에 이미 당신의 태도로 판단한다. 그것이 현실이다.

태도는 실력보다 먼저 읽힌다. 첫인상보다 강한 것은 태도의 인상이다. 당신은 어떤 태도를 보여주고 있는가?

태도는 말보다 빨리 읽히고, 실력보다 먼저 판단된다. 첫 만남의 몇 초 안에 사람들은 당신의 표정과 말투, 몸의 방향에서 신호를 읽는다. 그것이 신뢰의 시작이다. 실력은 보여줄 수 있지만, 태도는 숨길 수 없다. 꾸밈없는 태도는 오래 기억되고, 가식적인 태도는 금세 드러난다. 결국 기회를 부르는 건 능력이 아니라 태도다. 실력은 가르칠 수 있지만, 태도는 배울 수 없다. 그래서 사람들은 실력 있는 사람보다, 함께 일하고 싶은 사람을 선택한다. 태도는 당신의 첫인상이자 마지막 평가다.

02.
어떤 상황에서도 예의는 무기다

예의를 약함으로 착각하는 사람들

세상에는 예의를 약함으로 착각하는 사람들이 있다. 공손하게 말하면 만만하게 보고, 존중하며 대하면 무시해도 된다고 생각한다. "저 사람 착해 빠져서", "너무 약한 거 아냐?" 이런 말을 한다. 하지만 그들은 모른다. 예의가 얼마나 강한 무기인지. 존중이 얼마나 세련된 방어인지.

예의는 약함이 아니다. 오히려 강함이다. 진짜 강한 사람은 큰 소리를 내지 않아도 되고, 함부로 대하지 않아도 되고, 무례하게 굴지 않아도 된다. 자신의 가치를 증명할 필요가 없기 때문이다. 반대로 약한 사람이 큰 소리를 낸다. 자신을 크게 보이려고 허세를 부리고, 남을 무시함으로써 자신을 높이려 한다. 그게 진짜 약함이다.

예의 있는 사람은 어떤 상황에서도 품격을 잃지 않는다. 부당한 대우를 받아도 무례로 맞받아치지 않고, 모욕을 당해도 같은 수준으로 떨어지지 않고, 화가 나도 존중을 잃지 않는다. 이게 쉬운 일인가? 아니다. 가장 어려운 일이다. 그래서 진짜 강한 사람만 할 수 있다.

얼마 전 한 대기업 회의실에서 있었던 일이다. 프로젝트 실패로 책임 소재를 가리는 자리였다. 팀장 M은 부서장에게 호되게 질책받았다. "이게 뭐예요? 이렇게 일하면 어떡해요?" 부서장의 목소리는 높았고, 말투는 거칠었다. 회의실 전체가 긴장했다. M은 어떻게 반응할까?

M은 침착하게 답했다.

"죄송합니다. 제가 판단을 잘못했습니다. 다음엔 더 신중하게 검토하겠습니다."

목소리는 차분했고, 태도는 공손했다. 변명하지 않았고, 화내지 않았고, 존중을 잃지 않았다. 회의가 끝나고 한 임원이 M에게 말했다.

"잘 참았네. 나 같으면 한마디 했을 거야."

M이 조용히 답했다.

"아닙니다. 제가 더 신중했어야죠. 그 순간엔 말보다는 태도가 중요하다고 생각했습니다."

6개월 후, M은 승진했다. 그날 회의를 지켜본 임원들이 추천했다.

"M은 어떤 상황에서도 흔들리지 않아요. 감정적으로 대응하지 않고, 품격을 잃지 않아요. 그런 사람이 리더입니다."

예의는 약함이 아니었다. 가장 강한 무기였다.

존중은 가장 세련된 방어다

사람들은 공격당했을 때 본능적으로 반응한다. 맞받아치고, 더 크게 소리 지르고, 더 심하게 무시한다. "너도 당해봐", "나도 만만한 사람 아니야". 이렇게 대응하면 어떻게 될까? 싸움이 커진다. 감정이 격해지고, 관계가 무너지고, 모두가 상처받는다. 그리고 나중에 후회한다.

하지만 존중으로 대응하면 다르다. 상대방이 무례해도 나는 예의를 지키고, 상대방이 화를 내도 나는 침착하고,

상대방이 무례해도 나는 존중을 잃지 않는다. 이게 방어다. 가장 세련된, 가장 강력한 방어. 왜? 상대방의 공격이 나에게 닿지 않기 때문이다. 무례함에 맞서 품격을 지키는 순간 나는 이미 이긴 것이다.

몇 년 전 가을, 한 해병대 부대에서 있었던 일이다. 병사 N이 부당한 일을 당했다. 선임이 자기 실수를 N에게 떠넘기고, 간부 앞에서 N 탓을 한 것이다. N은 억울했다. 화가 났다. 하지만 그 자리에서 N은 말했다.

"죄송합니다. 제가 더 주의하겠습니다."

나중에 동기가 물었다.

"왜 받아치지 않았어? 네 잘못도 아닌데."

N이 답했다.

"그 자리에서 싸우면 나만 손해야. 간부님은 누가 거짓말하는지 나중에 알게 돼. 난 계속 예의 지키고 제대로 일하면 돼. 그게 내 방어야."

실제로 3개월 후, 간부는 알았다. 누가 믿을 만한 사람인지. N은 우수 병사로 선발됐고, 그 선임은 신뢰를 잃었다. N의 예의가 가장 강한 방어였다.

존중은 가장 세련된 방어다. 상대방이 무례해도, 부당

해도, 불공평해도, 나는 흔들리지 않는다. 그 순간 이기는 건 나다. 품격을 지킨 사람이, 존중을 잃지 않은 사람이, 예의를 유지한 사람이 결국 이긴다. 시간이 지나면 모두가 안다. 누가 진짜 강한 사람인지.

예의는 당신을 지키는 갑옷이다

예의는 단순히 남을 위한 것이 아니다. 나를 위한 것이다. 예의는 당신을 지키는 갑옷이다. 어떤 상황에서도 당신의 평판을 지키고 당신의 인격을 유지하게 한다. 예의를 지키면 후회할 일은 생기지 않는다.

당신이 어디에서 무엇을 하든지 부당한 상황은 언제나 일어날 수 있다. 이해할 수 없는 일도 생긴다. 화나는 순간도 많다. 그때 어떻게 대응하는가? 감정적으로 폭발하는가? 예의를 지키는가? 전자는 순간의 해소지만 평생의 오점이 되고, 후자는 순간의 억울함은 남지만 평생의 자산이 된다.

최근 한 스타트업에서 신입사원 O가 부당한 일을 겪었다. 선배가 O의 아이디어를 가져가서 자기 것처럼 발표한 것이다. O는 분했다. 회의에서 밝히고 싶었다.

"그거 제 아이디어예요!"

하지만 O는 참았다. 회의가 끝나고 그 선배를 조용히 찾아갔다.

"선배님, 저번에 제가 말씀드린 아이디어가 발표에 도움이 됐다니 기쁩니다. 다음에는 함께 준비하면 더 좋을 것 같아요."

선배는 당황했다. 예의 바른 태도에 오히려 미안해졌다.

"아, 그래… 미안. 다음에는 같이하자."

그 후 선배는 O를 챙겼다. 6개월 후, 그 선배가 팀장이 되면서 O를 팀에 영입했다.

"O는 실력도 있지만, 사람이 됐어. 어려운 상황에서도 예의를 잃지 않더라. 그런 사람이 필요해."

만약 O가 회의에서 공개적으로 따졌다면? 선배와 원수가 됐을 것이고 팀 분위기는 나빠졌을 것이다. 하지만 O는 예의를 지켰다. 그 예의가 O를 지켰고 오히려 기회를 만들었다.

어떤 상황에서도 예의를 잃지 마라. 화가 나도 억울해도, 부당해도. 예의를 지키는 순간 당신이 이긴 것이다. 무례함 앞에서도 품격을 지킨 사람은, 어떤 흔들림 속에서도 중심을 잃지 않기 때문이다. 진짜 강한 사람은 예의를 지킨다. 약한 사람이 무례하게 굴고, 강한 사람이 존중을 유지한다. 쉬운 길은 받아치는 것이고 어려운 길은 참는 것이다. 하지만 어려운 길을 가는 사람이 결국 이긴다. 시간이 증명한다. 그리고 그것이 진짜 승리다.

어떤 상황에서도 예의는 무기다. 존중은 약함이 아니라 가장 세련된 방어다. 예의를 지키는 순간 당신이 이긴 것이다.

예의는 약한 사람이 아니라, 강한 사람이 선택할 수 있는 언어다. 무례는 순간의 승리처럼 보이지만, 결국 신뢰를 잃는다. 반면 예의는 당장은 손해처럼 보여도, 시간이 지나면 평판과 기회를 남긴다. 존중은 가장 세련된 방어이고, 예의는 자신을 지키는 갑옷이다. 부당함 앞에서도 품격을 잃지 않는 사람, 감정의 폭풍 속에서도 침착함을 지키는 사람—그 사람이 진짜 강한 사람이다. 예의를 지키는 순간, 당신은 이미 이기고 있다.

03.
감정 조절은 인격의 표현이다

폭발하는 사람 vs 다스리는 사람

    누구나 화가 날 수 있다. 억울할 수 있고, 분할 수 있다. 감정 자체는 선택이 아니다. 하지만 그 감정을 어떻게 표현하는가는 선택이다. 그리고 그 선택이 당신의 인격을 보여준다. 화가 났을 때 소리를 지르는가? 침착하게 말하는가? 짜증 날 때 함부로 대하는가? 예의를 지키는가? 이 차이가 인격의 차이다.

    감정을 조절하지 못하는 사람은 쉽게 알아볼 수 있다. 작은 일에도 크게 반응하고, 예상치 못한 상황에 당황한다. 자기 뜻대로 안 되면 화를 낸다. 그들은 말한다. "나 원래 이래", "내 성격이 급해서", "화나면 어쩔 수 없어". 변명에 불과한 말이다. 감정 조절은 능력이고 훈련으로 만들어지는 것이다.

반면 감정을 다스릴 줄 아는 사람은 다르다. 화가 나도 목소리를 높이지 않고 당황해도 침착함을 잃지 않는다. 예상 밖 상황에도 냉정하게 대처한다. 그들도 감정이 있다. 다만 그 감정을 폭발시키는 대신 조절할 뿐이다. 그게 진짜 강함이고 인격이다.

몇 년 전 한 육군 부대 훈련장에서 있었던 일이다. 혹독한 훈련 중 한 병사가 실수했다. 전술 동작 중 대열을 흐트러뜨린 것이다. 소대장 P는 폭발했다.

"이게 뭐 하는 거야! 몇 번을 말해! 정신 차려!"

고함을 질렀고, 병사는 위축됐다. 전체 분위기가 얼어붙었다. 훈련은 계속됐지만 병사들은 더 긴장했고 실수는 오히려 늘었다.

같은 부대 소대장 Q도 비슷한 상황을 겪었다. 병사가 같은 실수를 했다. 하지만 Q는 달랐다. 훈련을 멈추고 병사를 불렀다.

"잠깐, 이리 와 봐. 지금 뭐가 어려웠어?"

침착한 목소리였다. 병사가 답했다.

"동작이 헷갈려서요…"

Q가 다시 설명해 줬다.

"이렇게 해 봐. 천천히."

병사는 다시 시도했고 이번엔 성공했다. Q가 말했다.

"그래, 잘했어. 다들 한 번씩 다시 해 보자."

3개월 후 부대 평가에서 Q 소대가 1등을 했다. 대대장이 물었다.

"어떻게 훈련했어?"

Q가 웃으며 답했다.

"크게 다를 건 없습니다. 다만 화를 내기보다 상황을 먼저 보고 말하려고 했습니다. 병사들이 실수할 때마다 화내면 더 위축되거든요. 차분하게 다시 알려주면 금방 따라옵니다. 결국 리듬을 잃지 않는 게 제일 중요하더라고요."

대대장이 고개를 끄덕였다.

"그게 리더십이지."

폭발하는 사람과 다스리는 사람. 둘 다 화가 났다. 하지만 한 명은 감정을 쏟아냈고 한 명은 감정을 조절했다. 그 차이가 결과의 차이를 만들었고 인격의 차이를 보여줬다.

감정 조절은 타고나는 게 아니라 연습하는 것이다

많은 사람이 착각한다. "나는 원래 감정적이야.", "내 성격이 급해". 하지만 감정 조절은 성격이 아니라 능력이다. 누구나 배울 수 있고 누구나 연습할 수 있다. 누구나 발전시킬 수 있다. 단지 시간과 노력이 필요할 뿐이다.

감정 조절은 근육과 같아서 능력을 키우지 않으면 약해진다. 처음엔 어렵다. 화가 나면 참기 힘들고, 짜증 나면 표현하고 싶다. 하지만 한 번, 두 번, 열 번 연습하면 조금씩 쉬워진다. 백 번, 천 번 연습하면 자연스러워진다. 그게 감정 조절의 훈련이다.

얼마 전 한 IT 기업 신입사원 R의 이야기다. R은 자타공인 '감정적인 사람'이었다. 화나면 바로 표정에 나타났고, 짜증 나면 목소리가 날카로워졌다. 불만이 생기면 즉시 말했다. 처음 3개월은 괜찮았다. 하지만 업무가 복잡해지고 압박이 심해지면서 문제가 생기기 시작했다.

어느 날, 팀장이 R의 기획서를 수정하라고 했다. R은 짜증을 냈다.

"이미 세 번이나 고쳤는데 또요?"

얼굴에 불만이 가득했다. 팀장은 아무 말 없이 돌아갔다. 선배가 R을 불렀다.

"R아, 너 이러면 안 돼. 팀장님이 기분 나빠하셨어."

R이 답했다.

"제가 뭘 잘못했어요? 진짜 짜증 나잖아요."

선배가 말했다.

"네 기분은 네가 조절해야지, 남한테 왜 쏟아내?"

그날 밤 R은 깊이 생각했다. 선배 말이 맞았다. R은 결심했다.

"감정 조절을 연습하자."

작은 것부터 시작했다. 짜증 날 때 3초 참기. 화날 때 심호흡하기. 불만 있을 때 한 번 더 생각하기. 처음엔 어색했다. 하지만 한 달, 두 달, 석 달이 지나자 달라졌다. 감정이 올라와도 표현하기 전에 조절할 수 있게 됐다.

1년 후, R은 팀의 분위기를 안정시키는 사람이 되어 있었다. 회의 중 팀장이 웃으며 말했다.

"R, 요즘 많이 달라졌네. 예전엔 금방 얼굴에 다 드러났잖아."

R이 웃으며 답했다.

"이젠 바로 반응하지 않으려고요. 그게 생각보다 어렵지만, 익숙해지니까 훨씬 편하더라고요."

감정 조절은 타고나는 게 아니었다. 매일 연습하고 조금씩 익숙해지는 일이었다.

자신을 다스리는 사람이 신뢰받는다

조직에서 가장 신뢰받는 사람은 누구일까? 가장 똑똑한 사람? 가장 일 잘하는 사람? 아니다. 가장 예측 가능한 사람이다. 그리고 예측할 수 있는 사람은 감정을 조절할 줄 아는 사람이다. 기분에 따라 태도가 바뀌지 않고 상황에 따라 반응이 달라지지 않는다. 이렇게 항상 일관된 모습을 보이는 사람. 조직은 그런 사람을 신뢰한다.

왜? 함께 일하기 편하기 때문이다. 감정적인 사람과 일하면 눈치를 봐야 한다. "오늘 기분이 어떨까?", "지금 말해도 될까?", "화낼까 말까?" 이런 걱정을 해야 한다. 하지만 감정 조절이 되는 사람과 일하면 편하다. 언제나 차분하고 이성적이다. 그래서 언제나 예의 바르다.

최근 한 중견기업에서 팀장 승진 후보가 두 명 있었다.

S는 업무 능력이 뛰어났다. 성과도 좋고 기획력도 뛰어났다. 하지만 감정 기복이 심했다. 기분 좋을 때는 유쾌했지만 기분 나쁠 때는 까칠했다. 팀원들은 S의 눈치를 봤다.
"오늘 기분이 안 좋은 것 같으니까 나중에 보고하자."

T는 S만큼의 실적은 아니었지만, 감정 조절이 탁월했다. 어떤 상황에서도 침착했고 어떤 압박에도 차분했다. 개인의 스트레스로 팀원에게 불편함을 주지 않았다. 팀원들은 T를 편하게 대했다.

"T 대리님은 언제 가도 똑같아. 믿고 얘기할 수 있어."

승진 발표가 났다. T였다. 부장은 간단히 말했다.

"T 대리, 앞으로 팀 잘 부탁해요."

회의가 끝난 뒤, 한 팀원이 부장에게 조용히 물었다.

"부장님, S도 성과가 좋은데 왜 T가 된 걸까요?"

부장이 말했다.

"리더는 실적만으로는 안 됩니다. 팀이 편해야죠. 감정을 잘 다스리는 사람이 결국 신뢰를 얻어요."

자신을 다스릴 줄 아는 사람이 결국 신뢰를 얻는다. 자기 감정도 조절 못 하는 사람이 어떻게 팀을 이끌 수 있겠는가? 자기 기분에 따라 태도가 바뀌는 사람을 어떻게 믿을 수 있겠는가? 진짜 리더는 자신을 다스릴 줄 안다. 그게 인격이고 신뢰의 기반이다.

당신이 얼마나 성숙하고 신뢰할 만한지는 감정 조절로 드러난다. 화났을 때 어떻게 대응하는지, 당황했을 때 어떻게 행동하는지, 짜증 났을 때 어떻게 말하는지가 바로 진짜 당신이다. 화를 낼 권리는 누구에게나 있지만, 화를 조절할 책임 또한 누구에게나 있다.

감정 조절은 인격의 표현이다. 자신을 다스릴 줄 아는 사람이 결국 신뢰를 얻는다. 당신은 어떤 사람인가?

> 감정은 본능이지만, 감정 조절은 인격이다. 누구나 화낼 수 있다. 그러나 그 화를 어떻게 다루는지가 사람의 품격을 결정한다. 감정에 휘둘리는 사람은 순간을 잃고, 감정을 다스리는 사람은 관계를 지킨다. 폭발은 쉽지만 조절은 어렵다. 그래서 조절이 곧 힘이다. 침착함은 냉정이 아니라 신뢰의 언어다. 기분이 아니라 원칙으로 움직이는 사람, 감정보다 책임을 앞세우는 사람. 그런 사람이 결국 리더가 된다. 감정은 자연스럽게 올라오지만, 표현은 선택이다. 그 선택이 당신의 인격이다.

04.
실패를 대하는 태도가 미래를 만든다

실패는 똑같이 오지만 반응은 다르다

  인생에서 가장 큰 실패는 무엇이었는가? 그때 어떤 모습으로 실패를 마주했는가? 대다수의 사람은 실패하면 무너진다. "나는 안 돼", "이제 끝이야", "역시 못하는구나"하고 자책하며 포기하고 주저앉는다. 실패를 끝으로만 보는 것이다. 그래서 거기서 멈춘다. 세상에 한 번에 성공하는 사람이 몇이나 될까? 누구나 실패를 경험한다. 시험에서 떨어지고 프로젝트가 엎어진다.

  실패는 피할 수 없다. 노력해도 안 될 때가 있고, 최선을 다해도 부족할 때가 있다. 하지만 실패를 어떻게 대하는가는 선택이다. 그리고 그 선택이 미래를 만든다. 어떤 사람은 실패하면 무너진다. 반면 어떤 사람은 실패해도 일어선다. "왜 안 됐지?", "다음엔 어떻게 하지?", "이번엔 뭘 배웠지?". 분석하고, 배우고, 다시 시작한다. 실패를 과정으로 본다. 그래서 계속 나아간다.

똑같은 실패지만 반응은 완전히 다르다. 그리고 그 반응의 차이가 10년 후 전혀 다른 사람을 만든다. 실패에 무너진 사람은 여전히 그 자리에 있고 실패에서 배운 사람은 훨씬 앞서 있다. 실패 자체가 문제가 아니다. 실패를 대하는 태도가 문제다.

얼마 전 한 육군 부대에서 체력 검정이 있었다. 병사 A는 턱걸이에서 기준을 통과하지 못했다. 자신만만했던 A는 충격을 받았다.

"난 이것도 못 하는구나. 체력이 정말 약하네."

그날 이후 A는 운동을 포기했다.

"어차피 안 돼. 타고난 게 없어."

6개월 후 재검정에서도 통과하지 못했다. 아니, 더 나빠졌다. 포기했기 때문이다.

같은 날 병사 B도 턱걸이에서 떨어졌다. 같은 실패였다. 하지만 반응이 달랐다.

"내가 뭐가 부족한 거지? 팔 힘? 자세?"

B는 그날 밤부터 연습을 시작했다. 매일 조금씩. 처음엔 하나도 못 올라갔다. 하지만 한 달 후 2개, 두 달 후 5개, 석 달 후 10개. 6개월 후 재검정에서 B는 만점을 받았다. 간부가 물었다.

"어떻게 이렇게 늘었어?"

B가 답했다.

"실패해서 배웠어요. 실패가 시작이었어요."

실패는 똑같이 왔다. 하지만 A는 거기서 끝났고, B는 거기서 시작했다. 태도의 차이가 결과의 차이를 만들었다. 실패를 대하는 태도가 미래를 만들었다.

무너짐은 끝이 아니라 전환점이다

사람들은 무너지는 순간을 끝으로 생각한다. 무서운 착각이다. 무너짐은 끝이 아니다. 전환점이다. 거기서 포기하면 끝이지만 거기서 일어서면 시작이다. 많은 성공한 사람들의 이야기를 보면 공통점이 있다. 그들은 모두 큰 실패를 겪었다. 그리고 그 실패가 전환점이 됐다.

무너졌을 때가 가장 중요한 순간이다. 그때 어떤 선택을 하는가? 주저앉아서 자책하는 편인가? 아니면 일어서서 다시 시작하는가? 그 선택이 당신의 인생을 바꾼다. 실패는 문이다. 닫힌 문이 아니라 열린 문. 그 문을 통과하면 성장이 있다. 하지만 그 문 앞에 주저앉으면 아무것도 없다.

몇 년 전 한 대학생 C가 공무원 시험에 세 번째로 떨어졌다. 3년의 세월, 3번의 도전, 3번의 실패. C는 완전히 무너졌다. "나는 안 되는구나. 시간만 낭비했어." 자책이 시작됐다. 친구들은 취업했고 동생은 대학에 입학했는데 C만 제자리였다. "나는 왜 이것도 못 할까?" 그렇게 무너진 채 한 달을 보냈다.

그러던 어느 날, 스터디카페에서 낯선 풍경을 보았다. 70대쯤 되어 보이는 한 할머니가 조용히 공부하고 있었다. 한참 동안 집중해서 무언가를 적던 할머니는 잠시 펜을 내려놓고 어깨를 돌렸다. 그때 C가 조심스레 말을 걸었다.

"혹시 무슨 공부 하세요?"

할머니가 미소 지으며 답했다.

"한자 자격증 준비해요. 다섯 번 떨어졌는데 이번엔 꼭 붙으려고."

C가 놀라 물었다.

"왜 그렇게 열심히 하세요?"

할머니가 웃으며 말했다.

"떨어질 때마다 속상하지. 그래도 그게 끝 아니잖아. 다시 하면 되지. 나이는 숫자고, 실패는 과정이니까. 언젠가는 붙겠지." 그 말이 C를 흔들었다. 70대 할머니도 다섯 번 떨어지고 다시 도전하는데, 20대인 자신이 왜 포기하려 했을까? C는 다시 시작했다. 네 번째 도전. 이번엔 달랐다. 실패를 배움으로 바꿨다. 왜 틀렸는지 분석하고 부족한 부분을 보완하며 공부 방법을 바꿨다. 그리고 1년 후 C는 예상대로 합격했다.

실패에서 배우는 사람이 결국 이긴다

세상은 실패하지 않는 사람을 원하는 게 아니다. 실패에서 배우는 사람을 원한다. 왜? 실패하지 않는 사람은 없기 때문이다. 모두가 실패한다. 하지만 실패에서 배우는 사람은 드물다. 대부분은 실패를 회피하거나 남을 탓한다.

하지만 진짜 강한 사람은 실패를 인정하고 분석한다. 그래서 성장한다.

어디에서도 마찬가지다. 실수하지 않는 병사가 좋은 병사가 아니다. 실수에서 배우는 병사가 좋은 병사다. 프로젝트에 실패하지 않는 직원이 아닌 실패를 분석하는 직원이 좋은 직원이다. 왜? 실패는 가장 값진 배움이기 때문이다. 그리고 그 배움을 얻는 사람이 결국 이긴다.

최근 한 IT 스타트업에서 신입 개발자 D가 큰 실수를 했다. 배포 과정에서 코드 오류가 발생해 서비스가 한동안 중단된 것이다.

D는 얼굴이 하얗게 질렸다.

"대표님, 정말 죄송합니다. 제가 확인을 제대로 안 해서…"

대표는 잠시 말이 없었다가 차분히 물었다.

"왜 그런 일이 생겼는지 스스로 정리해 봤어?"

D는 고개를 숙였다.

"지금 막 원인을 찾고 있습니다. 테스트 절차를 너무 단축했습니다."

대표가 고개를 끄덕였다.

"좋아. 그럼, 이번 기회에 체크리스트를 새로 만들어 봐. 그리고 팀 전체가 같이 점검할 수 있게 공유해."

D는 며칠 동안 원인과 개선안을 정리해 팀 미팅에서 발표했다.

"이번 실수로 배운 건, '시간을 아끼려다 더 큰 시간을 잃을 수 있다'는 겁니다."

동료들은 고개를 끄덕였다.

이후 그 체크리스트는 회사의 공식 프로세스로 자리 잡았다. 1년 후, D는 신입 교육을 맡는 담당자가 되었다. 대표가 말했다.

"D는 실수를 잘 다루는 사람이야. 실수 후에 배운 걸 행동으로 옮겼잖아. 그게 진짜 성장이지."

실패를 숨기거나 회피하는 사람은 제자리지만 실패를 인정하고 배우는 사람은 앞으로 나아간다. 실패는 끝이 아니라 성장의 문이다. 그 문을 여는 사람만이 다음 단계로 갈 수 있다. 차이는 태도다. 실패를 끝으로 볼 것인가, 배움으로 볼 것인가. 그 선택이 10년 후 당신을 결정한다.

무너지는 건 자연스럽다. 하지만 거기서 일어서는 건 선택이다. 실패는 끝이 아니라 문이다. 성장의 문. 배움의 문. 기회의 문. 그 문을 여는 사람이 결국 앞서간다.

실패를 대하는 태도가 미래를 만든다. 무너짐이 끝이 아니라 성장의 문이 된다. 당신은 어떤 선택을 할 것인가?

실패는 누구에게나 온다. 그러나 그다음은 다르다. 어떤 사람은 주저앉고, 어떤 사람은 일어선다. 실패를 끝으로 보는 사람은 멈추지만, 과정으로 보는 사람은 성장한다. 무너짐은 종착점이 아니라 전환점이다. 실패는 당신을 시험하려는 게 아니라, 단단하게 만들기 위한 과정이다. 실수를 숨기지 말고 분석하라. 넘어졌다면 일어나라. 실패를 두려워하지 말고, 배움의 기회로 바꿔라. 그 태도가 미래를 바꾼다. 실패는 당신을 무너뜨리는 게 아니라, 다시 세우는 문이다.

05.
넘어진 자리에서 배우는 지혜

늦은 밤, 일을 마치면 우주와 맞닿은 듯한 밤하늘을 올려다본다. 서울의 탁한 하늘에 당장 보이는 별은 얼마 안 되어 보여도 그 너머에 수천 개의 별들이 반짝인다. 그중 당신이 볼 수 있는 그 빛은 수천 년 전에 출발한 것이다. 당신의 눈에 닿기까지 얼마나 많은 장애물을 만났을까? 우주의 먼지, 소행성, 블랙홀… 수없이 부딪히고 굴절되면서 가로막혔을 것이다. 하지만 포기하지 않고 계속 나아간 빛은 마침내 수천 년 후 당신의 눈에 닿은 것이다. 우리 인생도 그렇다.

젊은 패기가 가득했던 스물여덟, 교육 컨설팅 회사를 시작했다. 학생들의 진로를 상담하고 학습 전략을 코칭하는 사업이었다. 열정만 믿고 뛰어들었다. 밤을 새우는 건 일상이었다. 주말도 없었다. 브로슈어를 만들고 웹사이트를 구축하며 SNS 마케팅에 몰두했다.

그리고 3개월 후 첫 고객이 왔다. 중학생 자녀를 둔 학부모였다. 이내 긴장을 감추고 상담을 시작했다. 하지만 곧 문제가 드러났다. 이론은 알았지만 실전 경험이 없었다. 그러다 보니 아이의 미묘한 심리 변화를 읽지 못했고, 학부모의 기대와 아이의 현실 사이에서 균형을 잡지 못했다.

상담 후 등록은 했지만 한 달이 지나자 학부모는 환불을 요청했다.

"죄송하지만, 기대한 만큼이 아니네요."

다른 고객들도 하나둘 떠났다. 입소문이 나빠졌고 더 이상 수강생이 늘지 않았다. 결국 6개월 만에 사업은 문을 닫았다.

무너졌다. '왜 이렇게 무능할까.' 한 달 동안 방에 틀어박혔다. 매일 밤이 자책의 시간이었다.

정신을 차리고 노트북을 켰다. 이대로는 안 되겠다 싶어서였다. 무거운 감정을 내려놓고 실패를 분석하기 시작했다. '무엇이 잘못됐을까?' 냉정하게 객관적으로 따져 봤다. 원인은 이론만 있고 현장 경험이 없었다는 데 있었다. 학생들의 실제 문제를 이해하지 못했고, 학부모와의 소통 방식도 염두에 두지 않았다.

노트에 한 줄 한 줄 적어 내려갔다. 실패의 목록이 아니라 교훈의 목록이었다. 그리고 결심했다. '현장으로 가자. 직접 부딪혀 보자.'

그 길로 곧장 학원 강사로 취직했다. 밑바닥부터 시작했다. 물론 자존심은 상했지만 견뎌야 할 일이었다. 매일 학생들을 만났고 학부모와 상담했다. 실패하고 배우며 다시 시도했다. 그렇게 3년이 흘렀다. 이제 학생들의 눈빛만 봐도 무엇이 필요한지 파악할 수 있었다. 학부모의 말 뒤에 숨은 진짜 고민이 읽히기 시작했다.

5년 후 재도전에 대한 의지가 생길 무렵 다시 독립해 보기로 마음먹었다. 이번에는 달랐다. 현장 경험이 있으니 상담은 구체적이었고 현실적이었다. 효과적으로 운영을 해 나가자 입소문이 나기 시작했다. 그리고 짧은 시간에 대형 학원으로 성장했다. 시간이 흘러 지금은 교육대학원 교수로 재직하며 후학을 양성하고 있으니 성공적인 도전이자 결과였다.

실패의 재해석, 가능성의 발견

도자기 가마를 열 때 장인의 심장은 뛰기 시작한다. 정성으로 빚은 도자기를 기대하며 가마의 문을 연다. 하지만 늘 기대 같지만은 않다. 색이 이상하고 균열도 생긴다. 하지만 진짜 장인은 다른 면모를 발견한다. '이 균열은 오히려 아름답네.'라며 실패에서 새로운 가능성을 본다.

군대 동기 중 한 명은 입대 전 요리를 좋아했다. 취미로 요리 영상을 보고 주말마다 새로운 레시피에 도전했다. 그래서 '내가 좋아하는 일을 하면서 군 생활하면 좋겠다.'라는 생각으로 취사병에 지원했다. 하지만 군대 취사는 달랐다. 수백 명의 식사를 정해진 시간에 만들어야 했다. 창의성은 없었다. 매뉴얼대로 빠르게. 그것도 대량으로 만들어 내야 했다. 그는 적응하지 못했다. 음식을 태웠고, 간을 잘못 맞췄다. 결국 선임들에게 혼이 나야 했고, 전우들의 불평을 들어야 했다.

3개월 후 지휘관이 불렀다.

"너 취사 적성이 안 맞는 것 같다. 보급으로 보낼게."

좌천이었다. '좋아하는 일도 제대로 못 한다니.' 수치심을 느꼈다.

보급병이 된 그는 물자를 관리했다. 재고를 체크하며 발주하고 배분했다. 지루했다. 의미가 없어 보였다. 하지만 어느 날 깨달았다. '이게 시스템이구나. 식재료 관리, 수량 계산, 일정 조율… 이게 다 경영이잖아.' 생각을 바꾸자 모든 게 다르게 보이기 시작했다.

'나는 요리 자체보다 사람들이 내 요리를 먹고 행복해하는 걸 좋아했구나. 그리고 소규모 창의적 요리를 좋아하지, 대량 생산은 안 맞았어.'

그는 취사병 시절의 실패를 다시 분석했다. 그리고 전역 후 작은 카페를 열었다. 모든 디저트는 직접 만들었다. 소량이었지만 수제였고 창의적이었다. 그리고 보급 경험을 살려 재고와 원가를 철저히 관리했다. 군대에서 배운 시스템 사고가 사업에 적용됐다.

5년 후 그의 카페는 체인으로 성장했다. 인터뷰에서 그는 말한다.

"군대 취사병으로 실패한 게 전환점이었어요. 그때 깨달았지요. 내가 진짜 좋아하는 게 무엇이고 어떤 시스템이 필요한지."

회복력의 근육, 실패가 단련하는 힘

산꼭대기 소나무는 매일 바람과 싸운다. 휘어지고 꺾일 듯하지만 부러지지 않는다. 보이지 않는 뿌리가 바위를 감싸고 깊이 내려간다. 그리고 바람이 불 때마다 뿌리는 더 강해진다. 회복력이란 그런 것이다.

지인은 학원 강사였다. 10년 경력의 베테랑이었다. 학생들이 좋아했고 학부모 만족도도 높았다. 하지만 그는 어느 순간 한계를 느꼈다. '이 패턴이 10년째 반복되고 있어. 더 성장하고 싶은데.' 그는 갈증을 느꼈다. 그리고 마흔에 대학원에 진학해 박사 과정에 들어갔다. 주변에는 말리는 사람밖에 없었다. "안정적인 직장 놔두고 왜?" 하지만 그는 결심했다. 그리고 학원을 그만두고 연구에 몰입했다.

첫 학기는 지옥이었다. 20대 학생들 사이에서 혼자 나이 든 학생. 학부 때와 달리 연구 방법론이 특히나 어려웠다. 심지어 논문 쓰기는 더욱 막막했고 지도교수는 까다로웠다.

"이건 학부 수준이에요. 다시 쓰세요."

여섯 번을 고쳐 썼다. 엎친 데 덮친 격으로 자격시험에서 떨어졌다. 같이 시작한 후배들은 합격했는데 떨어지다니 수치스러웠다. '내가 미쳤나. 왜 안정적인 삶을 버렸을까.' 모두 포기하고 싶었다. 하지만 학원 강사 시절을 떠올렸다. '그때도 처음에는 서툴렀어. 10년 걸려 익숙해졌잖아. 지금도 그래. 시간이 필요한 거야.' 그는 포기하지 않았다.

그리고 6개월 후 재시험. 결과는 합격이었다. 논문도 조금씩 나아져 3년 후 학위를 받았다. 쉽지 않았지만 해 낸 것이다. 졸업하고 대학 강사를 시작했다. 10년 학원 경력이 빛을 발하는 순간이었다. 학생들을 어떻게 이해하고 어떻게 가르쳐야 하는지 이미 알고 있었다. 이론과 실무가 결합하니 강의 평가는 높을 수밖에 없었다.

그는 지금도 현장 경험과 학문적 깊이를 모두 가진 강사로 재직 중이다. 학생들에게 말한다.

"나는 마흔에 모든 걸 버리고 다시 시작했어요. 수없이 실패했지요. 하지만 그 실패들이 저를 여기까지 데려왔어요."

산꼭대기 소나무는 바람이 불 때마다 강해진다. 그도 넘어질 때마다 일어서는 법을 배웠다. 그 회복력이 그를 우수한 대학 강사로 만들었다.

미래를 만드는 선택

세 가지 사례는 같은 사실을 말한다. 넘어진 자리에서 배우고, 실패를 다시 정의하고, 회복력을 키워낸 사람들. 공통점은 실패를 대하는 태도였다. 그들은 실패를 끝으로 보지 않았다. 배움으로 보고, 가능성으로 보고, 단련의 과정으로 받아들였다.

자연도 이 원리를 증명한다. 별빛은 수천 년을 여행하며 부딪혀도 계속 온다. 소나무는 바람에 흔들리면서 더 강해진다. 실패도 그렇게 견디며 형태를 바꾼다.

넘어졌는가? 일어서서 배워라.

실패했는가? 다시 해석하고 다른 길을 보라.

결국 미래는 사건이 아니라 태도가 만든다. 실패를 대하는 태도가 미래를 만든다.

오늘 당신이 선택하는 태도가 내일의 당신을 결정할 것이다.

젊은 교육 컨설턴트는 사업 실패를 경험했지만, 현장 경험을 통해 재기하여 대형 학원 운영 및 교수직에 이른다. 군 취사병으로 실패한 인물은 보급 업무에서 시스템 관리 지혜를 얻어 성공적인 카페 체인을 일군다. 또한, 10년 차 학원 강사는 마흔에 박사 과정에 도전, 수많은 어려움 속에서도 포기하지 않고 학위를 취득하여 뛰어난 대학 강사가 된다. 실패를 배움의 과정으로 여기고 끊임없이 재도전하는 태도가 미래를 결정한다.

제4장 ‖ 인성은 태도의 뿌리다

태도는 순간을 비추지만, 인성은 그 순간을 지탱한다. 겉으로는 능력처럼 보이지만, 그 근원에는 인성이 있다. 말투 하나, 시선 하나에도 마음의 결이 스며 있다. 그래서 조직은 실력보다 먼저 사람의 인성을 본다.

인성은 하루아침에 만들어지지 않는다. 작은 습관이 쌓이고, 반복된 선택이 태도를 완성한다. 겉모습은 연출할 수 있어도 진심은 숨길 수 없다. 평판의 시대일수록 진짜 경쟁력은 태도와 인성의 조화다. 인성은 씨앗이고, 태도는 그 꽃이다.

➡

보이지 않는 힘, 인성이 태도를 만든다.

01.
인성은 태도의 뿌리다

보이는 것과 보이지 않는 것

나무를 볼 때 무엇을 주로 보는 편인가? 주로 우리는 줄기나 가지와 잎을 본다. 울창한 모습이 눈에 띄고 아름답다. 하지만 정작 나무를 지탱하는 것은 보이지 않는 뿌리다. 땅속 깊이 박혀서 아무도 보지 않는 곳에서 묵묵히 나무를 떠받친다. 뿌리가 튼튼하면 나무는 폭풍우에도 쓰러지지 않고, 뿌리가 약하면 겉은 멀쩡해 보여도 금방 무너진다.

사람도 마찬가지다. 태도는 줄기고, 인성은 뿌리다. 태도는 보이지만 인성은 보이지 않는다. 태도는 상황에 따라 다르게 보일 수 있지만 인성은 항상 같다. 태도는 꾸밀 수 있지만 인성은 꾸밀 수 없다. 그래서 진짜 중요한 건 태도가 아니라 인성이다.

좋은 태도만 가진 사람은 순간은 멋져 보이지만 위기가 오면 흔들린다. 하지만 깊은 인성을 가진 사람은 평소엔 평범해 보여도 위기에 강하다. 뿌리가 깊기 때문이다. 인성이라는 뿌리가 단단하게 박혀 있어서 어떤 바람이 불어도 쓰러지지 않는다.

얼마 전 한 육군 사단에서 신임 간부 평가가 있었다. P 소위는 첫인상이 좋았다. 말도 잘하고, 자신감도 있고, 병사들에게 친절했다. 반면 Q 소위는 평범했다. 말수도 적고 화려하지도 않았다. 처음 3개월은 P가 더 좋아 보였다. 병사들도 "P 소위님이 더 좋은 것 같아요."라고 말했다.

하지만 6개월이 지나자 상황이 달라졌다. 혹독한 훈련이 이어지자 부조리한 일들이 생기고, 갈등 상황이 발생했다. P는 바뀌었다. 병사들 앞에서는 여전히 친절했지만 뒤돌아서면 불평했다. 힘든 일이 생기면 회피했고 책임져야 할 순간에는 변명했다. 겉은 멀쩡해 보였지만 뿌리가 약했다.

  Q는 달랐다. 말은 여전히 적었지만 행동은 대조적이었다. 힘든 훈련에 솔선수범하고 부조리한 상황에서 병사 편에 섰다. 갈등이 생기면 직접 나서서 해결했다. 화려하지 않았지만 단단했다. 병사들이 말했다.

  "Q 소위님은 진짜예요. 겉으로만 좋은 척하는 게 아니라 속부터 좋은 사람이에요."

  1년 뒤 Q는 우수 간부로 선발됐다. 평가 이유는 간단했다.

  "인성이 훌륭합니다."

  이 사례가 말해주는 것은 분명하다. 태도는 보이는 것이고 인성은 보이지 않는다는 것이다. 하지만 결국 사람을 지탱하는 것은 인성이다. 나무가 뿌리로 서듯 사람은 인성으로 선다.

뿌리가 약하면 언젠가 쓰러진다

  겉으로 보기 좋은 나무도 뿌리가 얕으면 작은 바람에도 쓰러진다. 아무리 높이 자라고 아무리 멋있어 보여도 소용없다. 뿌리가 땅속 깊이 내려가지 않으면 결국 무너진다. 사람도 마찬가지다. 아무리 태도가 좋아 보여도, 인성이 약하면 언젠가 본색이 드러난다.

인성이 약한 사람의 특징은 명확하다. 상황에 따라 태도가 바뀐다. 상관 앞에서는 공손하지만 후임에게는 함부로 하고, 이득이 있을 때는 친절하지만 손해 볼 때는 차갑고, 누가 볼 때는 열심히 하지만 안 볼 때는 대충 한다. 이런 사람들은 겉은 멀쩡해 보여도 속은 비어 있다.

몇 년 전 한 IT 스타트업에서 팀장 R을 영입했다. 화려한 경력에 뛰어난 실력이었다. 면접 때도 완벽했다.

"저는 팀을 가장 중요하게 생각합니다. 함께 성장하는 게 제 목표입니다."

대표는 확신했다.

"이 사람이면 우리 팀을 이끌 수 있겠어."

처음 3개월은 좋았다. R은 프로젝트를 잘 이끌었고, 실적도 좋았다. 대표 앞에서는 항상 긍정적이었다. 하지만 팀원들은 조금씩 느끼기 시작했다. 뭔가 다르다는 사실을. R은 성과가 나면 자기 공으로 돌렸고 문제가 생기면 팀원 탓을 했다. 아이디어는 팀원 것을 가져가면서 크레딧은 주지 않았다.

6개월이 지나자 팀원들이 하나둘 떠나기 시작했다. 그리고 1년 뒤 R의 팀은 절반으로 줄었다. 대표는 뒤늦게 알았다.

"실력은 있지만 인성이 없었어요. 겉으로는 완벽해 보였는데 속은 비어 있었던 거죠."

R은 결국 퇴사했다. 아무리 능력이 뛰어나도 인성이 약하면 오래갈 수 없다는 사실을 증명한 사례였다.

뿌리가 약한 나무는 시련이 닥치면 쓰러진다. 그리고 그때 드러난다. 겉만 번지르르했다는 사실이. 사람도 마찬가지다. 인성이 약하면 언젠가 무너진다. 인성은 태도의 뿌리이고, 사람을 지탱하는 힘이다.

뿌리는 하루아침에 자라지 않는다

나무의 뿌리는 하루아침에 깊어지지 않는다. 매일 조금씩 천천히 땅속으로 내려간다. 비가 오나 눈이 오나 햇빛이 있든 없든 묵묵히 자란다. 그렇게 수년이 지나면 깊고 단단한 뿌리가 완성된다. 사람의 인성도 마찬가지다. 하루아침에 만들어지지 않는다.

인성은 작은 선택의 축적이다. 오늘 아무도 안 볼 때 약속을 지킨 것. 어제 불리해도 정직하게 말한 것. 그제 힘들어도 동료를 도운 것. 이런 작은 선택들이 하나씩 쌓여서 인성이라는 뿌리를 만든다. 하루이틀로는 보이지 않는다. 하지만 1년, 2년, 10년이 지나면 확연히 다르다.

최근 한 공군 부대에서 전역하는 병사 S의 송별회가 있었다. S는 특별히 뛰어난 병사는 아니었다. 체력 1등도 아니고, 머리가 제일 좋은 것도 아니었다. 하지만 부대 전체가 그를 아쉬워했다. 왜 그랬을까?

중대장이 송별사에서 말했다.

"S 병장은 단 한 번도 남 탓을 하지 않았습니다. 힘든 상황에서도 자기 몫을 끝까지 해냈고, 누가 보지 않아도 맡은 일을 책임졌습니다. 그는 큰소리보다 행동으로 신뢰를 보여준 병사였습니다. 이런 사람이 부대를 단단하게 만듭니다."

후임 한 명이 마이크를 잡았다.

"저는 S 병장님처럼 살고 싶어요. 실력보다 태도로, 성과보다 사람으로 기억되는 사람이 되고 싶습니다."

S는 전역 후 면접을 봤다.

"군대에서 뭘 배웠습니까?"

면접관이 물었다. S는 잠시 생각하더니 차분히 말했다.

"군 생활을 통해, 누가 볼 때만 잘하는 건 진짜 성실이 아니라는 걸 알게 되었습니다. 그래서 매일 바르게 선택하려고 노력했습니다. 그렇게 하루하루 쌓인 선택이 결국 저를 만든다는 사실을 배웠습니다."

면접관은 고개를 끄덕였다. 그리고 S는 합격했다.

하루아침에 자라지 않는 뿌리처럼 인성도 마찬가지다. 오늘 하나의 바른 선택. 내일 하나의 정직한 행동. 모레 하나의 책임 있는 태도. 이것들이 쌓여서 깊은 인성이 된다. 그리고 그 인성이 당신을 지탱한다. 위기가 와도 흔들리지 않게.

태도는 잠깐 사람을 속일 수 있지만, 인성은 평생 사람을 지탱한다. 그래서 화려한 겉보다 단단한 속이 중요하고 번지르르한 말보다 묵묵한 행동이 가치 있다. 그래서 인성이 태도의 뿌리다. 오늘 당신이 하는 작은 선택 하나하나가 당신의 뿌리를 만들고 있다. 겉을 치장하느라 뿌리를 소홀히 하지 마라. 보이는 것을 가꾸느라 보이지 않는 것을 잊지 마라. 태도를 닦되 인성을 키워라. 그것이 당신을 평생 지탱할 힘이 될 것이다.

인성은 태도의 뿌리다. 나무가 뿌리로 서듯 사람은 인성으로 선다. 그것이 쓰러지지 않는 당신을 만드는 유일한 방법이다.

태도는 보이지만 인성은 보이지 않는다. 그러나 결국 사람을 지탱하는 건 보이지 않는 인성이다. 겉으로는 친절하지만 뒤로는 변명하는 사람, 말은 화려하지만 행동이 부족한 사람은 오래가지 못한다. 뿌리가 약하면 나무가 쓰러지듯, 인성이 약하면 위기 앞에서 흔들린다. 인성은 하루아침에 자라지 않는다. 매일의 선택, 작은 정직, 조용한 책임이 쌓여 단단한 뿌리를 만든다. 능력은 배울 수 있지만 인성은 흉내 낼 수 없다. 나무가 뿌리로 서듯, 사람은 인성으로 선다. 보이는 태도보다 보이지 않는 인성이 결국 당신을 지탱한다.

02.
왜 조직은 인성을 먼저 보는가

함께 일하고 싶은 사람 vs 일 잘하는 사람

조직이 사람을 뽑을 때 가장 고민하는 질문이 있다. 학점, 토익, 자격증, 경력 등 스펙도 중요하지만 진짜 중요한 건 다른 것이다. "이 사람과 10년을 함께 할 수 있을까?" 이다. 왜? 실력은 가르칠 수 있기 때문이다. 엑셀을 못해도 교육하면 되고, 업무가 서툴러도 시간이 지나면 익숙해진다. 지식이 부족해도 경험으로 채우면 될 일이다. 하지만 인성은 다르다. 인성은 가르칠 수 없다. 이기적인 사람을 이타적으로 바꿀 수 없고 무책임한 사람을 책임감 있게 만들 수 없다. 거짓말하는 사람을 정직하게 고칠 수도 없다. 결국 조직이 보는 건 실력이 아니라 인성이다.

조직은 알고 있다. 일 잘하는 사람은 많지만 함께 일하고 싶은 사람은 드물다는 사실을. 실력 있는 사람은 찾을 수 있지만 인성 좋은 사람은 만나기 어렵다는 진실을. 그래서 조직은 실력보다 인성을 먼저 본다.

얼마 전 한 중견 제조업체 인사 팀장의 고백이다.

"15년간 채용 일을 하면서 깨달은 게 있어요. 실력만 보고 뽑은 사람 중 절반은 3년 안에 문제를 일으켰습니다. 능력은 뛰어난데 팀워크는 형편없고, 개인 성과는 좋은데 조직에는 독이었죠. 반대로 실력은 평범해도 인성이 좋은 사람들은 대부분 10년 넘게 함께하고 있어요. 그래서 이제는 면접에서 인성을 먼저 봅니다. 실력은 우리가 가르치면 되니까요."

그의 말처럼 조직에서는 일 잘하는 한 명보다 함께 잘하는 열 명이 낫다. 뛰어난 개인보다 단단한 팀이 더 강하다. 그리고 그 단단한 팀을 만드는 것은 실력이 아니라 인성이다.

인성 나쁜 사람 한 명이 팀 전체를 무너뜨린다

조직에는 불문율이 있다.

"인성 나쁜 사람 한 명이 인성 좋은 사람 열 명을 지치게 만든다."

아무리 실력이 뛰어나거나 성과가 좋아도 인성이 나쁘면 조직에 독이 된다. 동료를 밟고 올라가려 하고 책임은 남에게 떠넘기는 사람과는 함께할 수 없다.

군대도 마찬가지다. 체력 좋고 사격 잘하는 병사 한 명보다 동료를 챙기는 병사 한 명이 부대에 더 필요하다. 왜? 전투는 혼자 하는 게 아니기 때문이다. 아무리 개인이 뛰어나도 팀이 무너지면 전투에서 진다. 그리고 팀을 무너뜨리는 것은 실력 부족이 아니라 인성 부족이다.

몇 년 전 한 해군 함정에서 있었던 일이다. 수병 T는 정비 실력이 뛰어났고 함정에서 손꼽히는 기술자였다. 하지만 문제가 있었다. 자기 일만 했다. 동료가 힘들어해도 모른 척하고 신병이 물어봐도 귀찮다며 대충 넘겼다. 오로지 자기 성과만 중요했다. 간부들은 고민했다.

"실력은 좋은데 인성이…"

그러던 어느 날 함정에 긴급 상황이 발생했다. 엔진 고장으로 항해가 중단될 위기였다. T의 실력이 필요한 순간이었다. 하지만 T는 "내 담당 구역이 아닌데요"라며 나서지 않았다. 결국 다른 수병들이 밤새 협력해서 문제를 해결했다. 그날 이후 함정 분위기가 바뀌었다. 아무도 T와 일하려 하지 않았다. 실력으로는 인정받았지만 사람으로는 인정받지 못한 것이다.

그리고 6개월 뒤 함정에서 중요 보직을 선발할 때 T는 제외됐다. 함장이 말했다.

"실력은 가르칠 수 있지만 팀워크는 가르칠 수 없습니다. T는 훌륭한 기술자지만 함께할 수 있는 동료는 아닙니다."

인성 나쁜 사람 한 명은 조직 전체를 병들게 한다. 팀의 사기를 떨어뜨리고 신뢰를 무너뜨리며 분위기를 망친다. 그래서 조직은 인성을 먼저 본다. 실력 있는 사람 한 명보다 인성 좋은 사람 한 명이 조직에 더 이롭기 때문이다.

인성은 조직의 안전장치다

조직이 인성을 중요하게 보는 또 다른 이유가 있다. 인성은 조직의 안전장치이기 때문이다. 위기 상황에서 예상치 못한 일이 생겼을 때 조직을 지키는 것은 실력이 아니라 인성이다. 책임감 있는 사람은 도망가지 않고 정직한 사람은 거짓말하지 않는다. 배려 깊은 사람은 동료를 버리지 않는다. 이런 사람들이 있어야 조직이 안전하다.

회사도 마찬가지다. 프로젝트가 실패했을 때, 고객이 클레임을 걸었을 때, 회사가 어려울 때, 그때 필요한 건 화려한 스펙이 아니라 단단한 인성이다. 책임지는 사람, 끝까지 남는 사람, 함께 해결하려는 사람. 이런 사람이 조직을 지킨다.

최근 한 IT 스타트업이 위기를 맞았다. 주요 투자자가 빠지면서 자금난에 허덕였다. 직원 절반이 이직을 준비했다. 그런데 이상한 일이 생겼다. 실력 있다고 소문난 V는 제일 먼저 떠났다.

"여기 더 있어 봐야 미래가 없어요."

반면 평범하다고 여겼던 W는 남았다.

"지금 회사가 힘든 건 아는데 그래도 함께 시작한 거니까 끝까지 해 보고 싶어요."

6개월간 고생 끝에 회사는 살아났다. 새 투자자를 찾았고 새 프로젝트도 성공했다. 대표는 W에게 물었다.

"왜 남았어요? 당신 실력이면 어디든 갈 수 있었잖아요."

W가 답했다.

"돈 때문에 일하는 게 아니라 사람 때문에요. 같이 고생한 동료들을 두고 혼자 갈 수 없었어요."

대표는 그날 W를 팀장으로 승진시켰다.

"당신 같은 사람이 조직의 안전장치입니다. 위기 때 남는 사람, 그게 진짜 인재입니다."

그리고 1년 뒤 V는 다시 돌아오고 싶어 했다. 하지만 대표는 거절했다.

"당신의 실력은 인정합니다. 하지만 우리는 함께할 수 있는 사람이 필요합니다."

당신의 실력은 당신을 조직에 들어가게 하지만 당신의 인성은 당신을 조직에 남게 한다. 능력은 기회를 만들지만 인성은 신뢰를 만든다. 당신이 얼마나 잘하는지보다 당신이 어떤 사람인지가 더 중요하다.

왜 조직은 인성을 먼저 보는가? 실력은 가르칠 수 있어도 인성은 함께할 수 없기 때문이다. 그것이 조직이 배운 가장 값비싼 교훈이다.

조직은 실력보다 인성을 먼저 본다. 실력은 가르칠 수 있지만, 인성은 가르칠 수 없기 때문이다. 능력은 시간이 지나면 익힐 수 있지만, 책임감·정직·배려는 하루아침에 만들어지지 않는다. 인성 나쁜 사람 한 명이 팀 전체를 병들게 하고, 인성 좋은 사람 한 명이 조직을 단단하게 만든다. 위기 속에서도 도망치지 않고, 동료를 탓하지 않고, 끝까지 함께하는 사람이 결국 조직을 지킨다. 실력은 문을 열어주지만, 인성은 그 문 안에 오래 머물게 한다. 그래서 조직은 묻는다. "이 사람과 10년을 함께할 수 있을까?"

03.
겉보다 속, 무엇이 나를 정의하는가

보이는 나 vs 진짜 나

세상은 당신에게 묻는다.

"당신은 누구입니까?"

대부분의 사람은 겉으로 보이는 것으로 답한다. "저는 ○○대학교 출신입니다", "저는 △△ 자격증이 있습니다", "저는 □□ 회사에 다닙니다." 학력·스펙·직함. 이런 것들로 자신을 정의한다. 하지만 이것들은 당신이 '가진 것'이지 당신이 '누구'인지를 증명하지는 않는다.

진짜 당신은 겉이 아니라 속에 있다. 아무도 보지 않을 때 어떻게 행동하는지, 불리한 상황에서 어떤 선택을 하는지, 위기가 왔을 때 어떤 태도를 보이는지에 진짜 당신이 담겨 있다. 화려한 이력서가 아니라 조용한 일상이 당신을 정의한다. 멋진 프로필이 아니라 평범한 순간의 선택이 당신을 말해준다.

보이는 나는 쉽게 만들 수 있다. SNS에 멋진 사진을 올리면 되고 사람들 앞에서 좋은 모습만 보이면 된다. 하지만 진짜 나는 숨길 수 없다. 시간이 지나면 드러나고 위기가 오면 나타난다. 그리고 함께 살다 보면 보인다. 그래서 진짜 중요한 것은 '보이는 나'가 아니라 '믿을 수 있는 나'다.

얼마 전 한 대학교 취업 상담실에서 있었던 일이다. 학생 X가 찾아왔다.

"교수님, 저 스펙이 부족한 것 같아요. 토익 점수도 낮고, 대외 활동도 별로 없고…"

교수가 물었다.

"그래서 너는 어떤 사람인 것 같아?"

X는 당황했다.

"네? 그게… 저는…"

말을 잇지 못했다. 교수가 말했다.

"네가 가진 게 아니라 네가 누구인지 묻는 거야."

X는 그날 밤 깊이 생각했다. 그리고 자신은 지금까지 '보이는 나'만 만들려고 했다는 사실도 깨달았다. 스펙을 쌓고, 이력서를 꾸밀 줄만 알았다. 하지만 정작 '진짜 나'가 누구인지는 생각해 본 적이 없었다. 그렇게 3개월 뒤 X는 다시 찾아왔다.

"교수님, 이제 알 것 같아요. 제가 누구인지. 그리고 어떤 사람이 되고 싶은지."

당신을 정의하는 것은 당신이 가진 것이 아니라 당신이 누구인가다. 겉이 아니라 속이다. 보이는 것이 아닌 믿을 수 있는 것이 되어야 한다.

속 빈 강정은 언젠가 들통난다

겉만 번지르르하고 속이 빈 것을 '속 빈 강정'이라고 한다. 겉보기에는 멋있고 그럴듯하지만 깨물어 보면 속이 텅 비어 있다. 사람도 마찬가지다. 겉만 화려하고 속이 없는 사람은 언젠가 들통난다. 면접 때는 통할 수 있어도 실제 일을 시작하면 드러나기 마련이다.

겉을 꾸미는 것은 속을 채우는 일보다 훨씬 쉽다. 옷을 잘 입고 이미지를 관리하면 된다. 하지만 속을 채우기란 그리 쉽지 않다. 성실, 정직, 책임, 배려와 같은 것들은 하루아침에 만들어지지 않는다. 오랜 시간이 걸려 작은 선택들이 쌓여야 한다.

몇 년 전 한 육군 부대에서 간부 선발 과정이 있었다. 그리고 후보 두 명이 최종 경쟁을 했다. Y는 외향적이고 말을 잘했다. 회의 때마다 적극적이었고 상급자 앞에서 자신감이 넘쳤다. 반면 Z는 내성적이고 말이 적었다. 회의 때도 조용했고 눈에 띄지 않았다. 처음엔 Y가 유리해 보였다.

하지만 6개월간 관찰 기간이 있었다. 그 기간 진짜 모습이 드러났다. Y는 겉과 속이 달랐다. 상급자 앞에서는 열심히 하는 척했지만 병사들 앞에서는 다른 사람이었다. 일은 병사들에게 떠넘기고 성과는 혼자 챙겼다. 그리고 불만이 생기면 남 탓을 했다. 반면 Z는 겉과 속이 같았다. 병사들을 챙기고 실수가 생기면 책임졌다.

선발 결과는 명확했다. Z가 뽑혔다. 대대장이 말했다.

"Y는 보이는 것은 화려한데 믿을 수가 없어요. Z는 평범해 보이는데 믿을 수 있어요. 조직은 화려한 사람이 아니라 믿을 수 있는 사람이 필요합니다."

겉만 화려하고 속이 없는 사람은 결국 신뢰를 잃는다. 반대로 겉은 평범해도 속이 단단한 사람은 시간이 지날수록 인정받는다. 당신은 어느 쪽인가? 겉을 꾸미는 데 시간을 쓰는가? 속을 채우는 데 시간을 쓰는가?

믿을 수 있는 나로 살아가는 법

믿을 수 있는 사람이 되는 방법은 복잡하지 않다. 겉과 속을 일치시키면 된다. 말과 행동을 같게 하고 보이는 곳과 안 보이는 곳에서 똑같이 행동해야 한다. 사람들 앞에서나 혼자 있을 때나 같은 모습을 유지하면 된다. 쉬운 것 같지만 가장 어렵다. 하지만 이것만 지키면 당신은 믿을 수 있는 사람이 된다.

믿을 수 있는 사람은 첫째, 일관성이 있다. 기분 좋을 때나 나쁠 때나 유리할 때나 불리할 때나 같은 원칙으로 행동한다. 둘째, 정직하다. 거짓말하지 않고 꾸미지 않는다. 있는 그대로 말한다. 셋째, 책임감이 있다. 자기가 한 말을 지키고 맡은 일을 끝까지 한다. 그리고 실수를 인정할 줄 안다.

최근 한 스타트업에서 신입사원 A가 입사했다. A는 특별히 뛰어난 스펙은 없었다. 명문대 출신도 아니고, 화려한 경력도 없었다. 하지만 6개월 만에 팀의 핵심이 됐다. 비결이 뭐냐고 물으니 대표가 답했다.

"A는 말한 건 꼭 지켜요.

작은 약속이든, 사소한 업무든 한 번 맡은 일은 끝까지 해냅니다. 모르면 모른다고 솔직히 말하고, 실수하면 숨기지 않아요. 바로 인정하고 고치죠. 그래서 신뢰가 쌓입니다."

팀원들도 고개를 끄덕였다.

"A랑 일하면 안심이 돼요. 겉과 속이 같은 사람이에요. 뒤에서도 앞에서처럼 똑같이 말하고 힘들어도 불평하지 않거든요. 무엇보다 자기 일은 자기가 책임져요. 요즘 그런 사람 보기 드물잖아요."

1년 뒤, A는 프로젝트 리더로 발탁됐다. 능력이 뛰어나서가 아니라 끝까지 믿을 수 있었기 때문이었다.

믿을 수 있는 사람이 되기란 어렵지 않다. 거창한 게 필요한 것도 아니다. 작은 약속을 지키고 책임감 있게 행동하면 된다. 매일 조금씩 일관되게 쌓인 신뢰가 당신을 정의한다. 화려한 이력서보다 "믿을 수 있다"는 평판이 당신의 진짜 가치다.

당신은 어떤 사람으로 기억되고 싶은가? 세상은 당신의 겉모습을 보고 판단할 것이다. 하지만 시간이 지나면 당신의 속을 보고 평가할 것이다. 처음에는 화려함이 주목받지만 결국 진실함으로 오랫동안 신뢰를 받는다. 그러니 겉을 꾸미는 데 시간 낭비하지 말고 속을 채우는 데 시간을 투자하라. 그것이 진짜 당신을 만드는 유일한 방법이다.

겉과 속 무엇이 나를 정의하는가?

보이는 나보다 믿을 수 있는 나로 살아가는 것. 그것이 진짜 나를 만드는 길이다.

겉보다 속이 당신을 정의한다. 세상은 화려한 겉모습으로 사람을 판단하지만, 진짜 가치는 아무도 보지 않을 때 드러난다. 보여지는 나는 만들 수 있지만, 진짜 나는 숨길 수 없다. 말보다 행동, 이미지보다 일관성, 포장보다 진심이 결국 신뢰를 만든다. 속이 비어 있으면 언젠가 드러나고, 속이 단단하면 시간이 지나도 흔들리지 않는다. 믿을 수 있

는 사람은 겉과 속이 같다. 말한 대로 행동하고, 누구 앞에서도 같은 모습을 보인다. 결국 사람을 정의하는 건 스펙이 아니라 신뢰, 겉이 아니라 속이다.

04.
인성은 습관이요, 태도는 표현이다

매일의 선택이 나를 만든다

사람들은 묻는다.

"인성은 타고나는 건가요? 만들어지는 건가요?"

궁금증을 해결해 주자면 인성은 만들어지는 것이다. 매일의 작은 선택이 쌓여 인성이 된다. 사소하게 쓰레기를 줍거나 지하철 노인에게 자리를 양보한 일 등이 쌓여 습관이 되고 그 습관은 인성이 된다.

인성은 어느 날 갑자기 만들어지는 게 아니다. 위기 상황에서 갑자기 없던 책임감이 생기고 중요한 순간에 숨어 있던 용기가 나오는 게 아니다. 그건 이미 당신 안에 쌓여 있던 것이 밖으로 나오는 것뿐이다. 평소에 작은 일에도 책임감 있게 행동한 사람이 큰일도 책임질 줄 안다. 작은 선택이라도 바르게 한 사람이 중요한 순간에도 바르게 선택한다.

그리고 그 습관은 태도로 나타난다. 책임감이 습관인 사람은 자연스럽게 책임감 있는 태도를 보인다. 정직이 습관인 사람은 억지로 애쓰지 않아도 정직한 태도가 나온다. 배려가 습관인 사람은 의식하지 않아도 배려하는 태도를 보인다. 태도는 연기가 아니다. 내면의 습관이 자연스럽게 표출됐을 뿐이다.

얼마 전 한 해병대 교육대에서 신병 B를 관찰했다. 처음엔 특별해 보이지 않았다. 체력이 가장 좋거나 사격을 제일 잘 하지도 않았다. 하지만 조교들은 B를 주목했다. 왜? B는 매일 아침 제일 먼저 일어나서 생활관을 정리했다. 누가 시키지 않아도 당번이 아니어도 그냥 했다. 훈련 후 장비를 정리할 때도 동기들까지 챙겼다. 휴식 시간마저 힘들어하는 동기를 도왔다.

처음엔 누군가에게 보이려고 하는 것 같았다. 하지만 3

개월이 지나도 그의 태도는 똑같았다. 비가 오나 눈이 오나 항상 같은 모습이었다. 조교가 물었다.

"너 왜 이렇게 해?"

B가 답했다.

"원래 이렇게 살았어요. 집에서도 그랬고 학교에서도 그랬어요. 그냥 습관이에요."

수료식 날 예상대로 B는 최우수 수료자로 선발됐다. 체력도 사격도 1등이 아니었는데 이례적인 일이었다. 교육대장은 말했다.

"B가 가장 뛰어나지는 않았지만 가장 일관됐습니다. 매일 똑같이 바르게 행동했습니다. 그 습관이 그의 인성이고, 그 인성이 태도로 나타났습니다. 이런 사람이 전우입니다."

이 사례가 말해주는 것은 분명하다. 인성은 습관이다. 반복된 선택이 쌓여 만들어진다. 그리고 그 습관은 태도로 자연스럽게 표현된다. 억지로 꾸미는 게 아니라, 자연스럽게 드러나는 것이다.

습관은 거짓말하지 않는다

태도는 연기로 덮을 수 있다. 면접 때 좋은 사람인 척하고 처음 몇 달 성실한 척하는 일은 누구나 할 수 있다. 하지만 습관은 연기할 수 없다. 습관은 무의식에서 나와서 그렇다. 의식하지 않으며 나오기 때문에 습관은 거짓말을 못 한다. 그래서 당신의 진짜 모습을 보여준다.

좋은 습관을 지닌 사람은 억지로 애쓰지 않아도 좋은 태도가 나온다. 하지만 나쁜 습관을 지닌 사람은 아무리 좋은 척해도 언젠가 본색이 드러난다. 의식적으로 통제하기 어려울 때 습관이 나오기 때문이다. 그때 진짜가 보인다.

몇 년 전 한 IT 기업에서 인턴 C와 D가 함께 일했다. 둘 다 첫 달은 완벽했다. 일찍 출근하고 열심히 일하고 밝게 인사했다. 하지만 시간이 지나자 작은 차이가 생겼다. 큰 프로젝트로 모두가 야근하는 상황이 잦아지고 일정이 빡빡해지자 더 선명히 드러났다.

C는 변했다. 출근 시간에 겨우 도착하고 인사도 건성이었다. 짜증이 얼굴에 드러났다. 동료가 도움을 요청하면 "제 일도 바쁜데요"라며 거절했다. 처음의 좋은 모습은 어

디 갔는지 모르겠다는 평가가 나왔다. 반면 D는 똑같았다. 여전히 일찍 출근했고 밝게 인사했다. 힘들어도 동료를 도왔다.

"어떻게 저렇게 일관될 수 있지?"

프로젝트가 끝나고 평가 회의에서 팀장이 말했다.

"C는 초반엔 괜찮았는데, 막판에 갈수록 흐트러졌어요. 반면 D는 끝까지 같은 태도를 유지했죠. 결국 실력보다 중요한 건 습관이라는 걸 느꼈습니다."

몇 주 뒤, 회사는 D를 정규직으로 전환했다. 이유는 단순했다.

"믿을 수 있었기 때문이에요."

습관은 거짓말하지 않는다. 좋을 때만 좋은 사람은 진짜 좋은 사람이 아니다. 항상 좋은 사람이 진짜 좋은 사람이다. 그리고 그 '항상'을 만드는 것은 습관이다. 매일 반복된 선택이 쌓여 만들어진 습관. 그게 진짜 인성이고 고유한 태도다.

오늘의 선택이 내일의 습관이 된다

그렇다면 좋은 습관은 어떻게 만들어야 할까? 거창하

지 않다. 오히려 소소하다. 바로 오늘 하나의 바른 선택을 하면 된다. 그리고 내일도 하나의 바른 선택을 하면 된다. 그렇게 매일 반복하면 습관이 된다. 그 습관이 인성이 되고 태도로 표현된다.

어렵지 않다. 작은 것부터 시작하면 된다. 아무도 안 봐도 약속 시간 지키기. 불리해도 거짓말하지 않기. 피곤해도 인사 먼저 하기. 내 일이 아니어도 쓰레기 줍기. 동료가 힘들 때 도와주기. 이런 소소한 선택들이 하나씩 쌓이면 습관이 된다. 그리고 그 습관이 당신을 만든다.

최근 한 공군 부대 신병 E의 이야기다. E는 입대 전 결심했다.

"군대에서 매일 하나씩 좋은 습관을 만들자."

첫 주는 '아침 일찍 일어나기'. 물론 힘들었지만 매일 했다.

둘째 주는 '생활관 정리 솔선수범하기'.

셋째 주는 '후임 챙기기'.

넷째 주는 '불평하지 않기'.

하나씩 천천히 매일 해 나갔다.

그리고 6개월이 지나자 E는 달라져 있었다. 아침에 일찍 일어나는 게 자연스러워졌고 생활관을 정리하는 게 습관이 됐다. 후임을 당연히 챙겼고 불평하지 않는 게 몸에 배었다. 조교가 말했다.

"E는 특별히 뛰어난 게 없는데 왜인지 모르게 믿음이 가요. 맡겨도 불안하지 않아요."

간부가 답했다.

"E는 습관이 좋으니까요. 그 습관이 태도로 나오니까 믿음이 가는 거지요."

오늘의 선택이 내일의 습관이 된다. 그래서 오늘이 중요하다. 지금 이 순간의 선택이 중요하다. 아무도 안 봐도 바르게 선택하고 불리해도 정직하게 행동하는 이유다. 힘들어도 책임감 있게 마무리하는 것. 이런 작은 선택들이 쌓여 당신을 만들기 때문이다.

당신은 오늘 어떤 선택을 했는가? 인성은 습관이요. 태도는 표현이다. 거창한 변화가 아니라 작은 반복이 당신을 만든다. 한 번의 큰 선택보다 천 번의 작은 선택이 더 강력하다. 그래서 오늘이 중요하고 지금 이 순간의 선택이 중요하다. 기억하라. 작은 선택 하나하나가 당신의 습관을 만들고 있다. 그 습관이 당신의 인성을 만들고 태도로 표현되고 있다. 그리고 그 태도가 당신이라는 사람을 세상에 보여주고 있다.

인성은 습관이요, 태도는 표현이다. 오늘의 선택이 내일의 당신을 만든다. 바르게 선택하라. 매일 꾸준히 일관되게.

> 인성은 하루의 선택에서 시작된다. 아무도 보지 않을 때의 행동, 사소한 정직, 작은 책임감이 쌓여 습관이 되고, 그 습관이 인성이 된다. 인성은 꾸며낼 수 없고, 습관은 거짓말하지 않는다. 그래서 태도는 연기가 아니라 내면의 습관이 밖으로 드러난 결과다. 매일의 반복된 선택이 당신의 인성을 만들고, 그 인성이 자연스러운 태도를 만든다. 거창한 결심보다 중요한 건 오늘의 작은 선택 하나다. 오늘의 선택이 내일의 습관이 되고, 그 습관이 당신이라는 사람을 완성한다.

05.
평판 시대의 성공 요인, 태도와 인성

모든 것이 기록되는 시대

무언가를 잘못해도 시간이 지나면 덮이던 시절이 있었다. 동네를 옮기면 새로 시작할 수 있었고 회사를 바꾸면 과거를 지울 수 있었다. 하지만 지금은 다르다. 모든 것이 기록된다. 인터넷과 SNS에 당신이 어떤 말을 했는지 어떤 행동을 했는지 그리고 어떤 태도를 보였는지 다 남는다. 당신의 평판으로 말이다.

평판이란 무엇인가? 당신에 대한 세상의 평가다. 사람들은 당신의 말과 행동을 기억한다. 그리고 평가한다. 그래서 이력서보다 평판이 더 신뢰받는다. 학력이나 자격증보다 강력하고, 경력보다 평판이 먼저다. 왜? 평판은 거짓말하지 않기 때문이다. 이력서는 꾸밀 수 있지만 평판은 꾸밀 수 없다.

그리고 평판을 만드는 것은 실력이 아니다. 태도와 인성이다. 일을 잘해도 태도가 나쁘면 나쁜 평판이 쌓이고 실력이 평범해도 인성이 좋으면 좋은 평판이 쌓인다. "저 사람 일은 잘하는데 같이 일하기 힘들어" vs "저 사람 일은 평범한데 정말 좋은 사람이야". 당신은 어느 쪽으로 기억되고 싶은가?

최근 한 대기업 채용 담당자의 고백이다.

"요즘은 지원자 이름을 검색해 봐요. 링크트인이나 인스타그램. 심지어 군대 커뮤니티까지. 그 사람이 어떤 사람인지 알 수 있거든요. 실제로 면접은 완벽했는데 SNS를 보니 후배들 비하 발언과 여성 혐오 댓글이 있더라고요. 바로 탈락시켰지요. 반대로 스펙은 평범한데 군대 후임들이 '이분 진짜 훌륭한 선임이었다'라고 남긴 글을 본 적도 있어요. 그 사람을 바로 뽑았습니다. 평판이 증명하니까요."

이 시대에 평판은 곧 브랜드다. 삭제하거나 숨길 수 없고 꾸밀 수 없는 당신만의 브랜드. 이 브랜드를 만드는 것은 당신의 매일이다. 매일 쌓은 태도와 인성이 브랜드가 된다. 모든 것이 기록되는 시대 당신은 어떤 기록을 남기고 있는가?

평판은 쌓는 데는 오래 걸리지만, 무너지는 것은 한순간이다

평판을 쌓는 데는 시간이 걸린다. 하루이틀의 좋은 태도로는 부족하다. 몇 달 길게는 몇 년 동안 일관되게 보여줘야 한다. "저 사람은 믿을 만해", "저 사람은 함께하면 좋아", "저 사람은 진짜야". 이런 평판은 오랜 시간 쌓인 결과다. 하지만 평판이 무너지는 것은 한순간이다. 단 한 번의 배신. 단 한 번의 거짓말. 단 한 번의 나쁜 태도. 그것만으로도 쌓아 온 모든 게 무너진다.

얼마 전 SNS에서 화제가 된 사건이 있었다. 한 유명 인플루언서가 카페 직원에게 함부로 대하는 영상이 유출됐다.

"이것도 못 해? 다시 만들어 와!"

무례한 태도와 고압적인 말투. 영상은 순식간에 퍼졌

다. 댓글에는 "겉으로만 착한 척하더니", "우리가 속았네"라는 말들이 쏟아졌다. 그는 사과문을 올렸다.

"제가 잘못했습니다. 그날 컨디션이…"

하지만 소용없었다. 평판은 이미 무너졌다. 팔로워는 반으로 줄었고, 광고는 끊겼다. 그가 쌓아 온 5년의 이미지는 5분 만에 사라졌다.

물론 반대의 경우도 있다. 2022년 겨울 한 배달 라이더의 블랙박스 영상이 화제가 됐다. 눈 내리는 날 넘어진 노인을 발견한 그는 배달을 멈추고 노인을 일으켜 세웠다. 안전한 곳까지 부축하고 괜찮은지 확인했다. 그리고 나서야 다시 배달을 갔다. 우연히 그 모습을 본 누군가 휴대전화로 영상을 찍어 올렸다. 댓글에는 "이런 분이 진짜 영웅", "배달 늦었을 텐데 대단하다"라는 댓글이 연이어 달렸다.

언론에서는 그를 인터뷰하려 했다. 하지만 그는 단호히 거절했다.

"당연한 일을 했을 뿐인데요."

이 태도가 사람들을 더 감동하게 했다. 기업들이 그에게 연락했다.

"우리 회사 오실 생각 없으세요?"

그리고 그는 한 물류 회사에 정규직으로 입사했다. 대표가 말했다.

"영상 하나로 그 사람의 인성을 알 수 있었어요. 이런 사람이 우리 회사에 필요합니다."

작은 선행 하나가 평생의 기회를 만든 것이다.

이제는 누구나 카메라를 들고 있고 모두가 기록하는 세상이다. 당신의 태도가 언제든 세상에 공개될 수 있다는 사실을 명심하라. 그래서 일관성이 중요하다. 보이는 곳에서나 안 보이는 곳에서나 똑같이 행동하는 것. 그게 평판 시대의 생존법이다.

인성이 곧 브랜드가 되는 시대

예전에는 브랜드를 만들려면 돈이 필요했다. 광고하고 마케팅을 해야 했다. 하지만 지금은 다르다. 당신의 태도가 곧 광고이고 당신의 인성이 곧 브랜드가 되는 시대다. SNS 게시물 하나. 동료와 나눈 대화 하나. 후배에게 보이는 태도 하나. 그 모든 것이 당신의 브랜드를 만든다.

좋은 브랜드는 신뢰를 만든다. "저 사람이 하는 일이면 믿을 만해", "저 사람이 추천하면 괜찮을 거야", "저 사람과 일하면 안심이야". 이런 신뢰는 돈으로 살 수 없다. 오직 일관된 태도와 단단한 인성으로만 만들어진다. 그리고 이 신뢰가 기회를 만든다.

최근 한 청년 F의 이야기다. F는 군대 전역 후 취업 준비를 했다. 특별한 스펙은 없었다. 하지만 F에게는 특별한 하나가 있었다. 바로 평판이었다. 군 복무 중 F는 블로그를 운영했다. 군대 생활 팁, 후임 돌보는 법, 힘든 순간 이겨내는 법 등 진심 어린 글을 담았다. 그리고 많은 예비 입대자는 이 블로그 글을 통해 도움받았고 감사 댓글을 남겼다.

전역 후 F가 취업 준비를 한다는 글을 올렸다. 그러자 놀라운 일이 일어났다. F의 블로그를 보던 한 기업 인사 담당자가 메시지를 보낸 것이다.

"혹시 우리 회사에 관심 있으세요?"

F는 면접도 없이 바로 입사 제안을 받았다. 담당자가 말했다.

"이 블로그를 2년간 봤어요. 당신이 어떤 사람인지 알 수 있었습니다. 진심으로 돕고자 하는 마음을 글을 통해 확인할 수 있었습니다. 그런 사람이 우리 회사에 필요합니다. 이력서는 필요 없어요. 당신의 블로그가 곧 이력서니까요."

F의 사례가 특별한 케이스는 아니다. 이제는 누구나 그렇게 된다. 당신의 SNS나 커뮤니티 활동, 일상이 모두 브랜드를 만든다. 그래서 좋은 인성을 가진 사람은 좋은 브랜드를 만들고 나쁜 태도를 가진 사람은 나쁜 브랜드를 만든다.

지금 누군가 당신을 검색한다면 무엇이 나올까? 자랑스러운 기록인가, 부끄러운 기록인가? 평판이 중요한 시대에 성공하는 방법은 간단하다. 매일 모든 순간을 일관되게 좋은 태도로 대하는 것이다. 보이는 곳에서나 안 보이는 곳에서나 똑같이 행동하면 된다. SNS에 올리는 것과 실제 삶이 다르지 않으면 된다. 그게 전부다. 어렵지만 유일한 방법이다. 오직 진짜로 좋은 사람이 되는 것만이 좋은 평판을 만든다.

평판 시대의 성공 요인은 태도와 인성이다. SNS가 평판을 기록하는 시대에 인성이 곧 브랜드다. 당신은 어떤 브랜드를 만들고 있는가?

지금은 평판이 곧 실력인 시대다. 모든 행동과 말, 태도와 습관이 기록되고 평가된다. 이력서는 꾸밀 수 있어도 평판은 꾸밀 수 없다. 평판은 하루의 태도에서 시작되고, 오랜 시간의 인성으로 완성된다. 겉으로만 좋은 사람은 금세 드러나지만, 일관된 태도를 가진 사람은 시간이 지나도 신뢰를 얻는다. 인성은 브랜드의 뿌리다. 꾸준히 바른 선택을 하고, 보이지 않는 곳에서도 같은 행동을 할 때, 당신의 이름은 신뢰라는 브랜드가 된다. 평판 시대의 성공 요인은 실력이 아니라 태도와 인성이다.

제5장 ‖ 태도가 만드는 관계의 품격

관계의 품격은 말이 아니라 태도에서 시작된다. 겸손한 마음, 감사하는 습관, 비판을 대하는 자세가 한 사람의 인품을 완성한다. 태도는 상대의 마음을 움직이는 가장 조용한 언어다. 세상은 여전히 성과를 묻지만, 사람은 결국 사람으로 기억된다. 예의는 배려의 표현이고, 감사는 신뢰의 씨앗이며, 겸손은 관계를 오래 지속시키는 품격이다. 품격 있는 태도는 언제나 사람을 향한 존중에서 비롯된다.

➡

겸손과 감사, 품격의 마지막 완성

01.
'될 놈은 된다'는 태도가 아니라 '하려는 태도'

'될 놈은 된다'는 가장 위험한 착각이다

"될 놈은 되고 안 될 놈은 안 돼."

이 말을 믿는 사람들이 있다. 운명은 처음부터 정해져 있고 타고난 게 전부라고. 노력해도 소용없다고 생각한다. 그래서 포기한다. "나는 원래 이래", "나는 그런 팔자야", "노력해도 달라질 게 없어". 가장 위험한 착각이자 가장 편한 변명이다. 그리고 가장 확실한 실패의 길이다.

진실은 정반대다. 될 놈은 처음부터 없었다. 오직 하는 놈만 있다. 타고난 재능으로 되는 사람은 드물고 끊임없이 하려는 태도로 되려는 사람이 대부분이다. 성공한 사람들을 보라. 처음부터 '될 놈'이었던 사람은 거의 없다. 그들은 '하려는 사람'이었다. 넘어져도 일어나고 실패해도 다시 했다. 안 된다고 해도 계속하는 사람들이었다.

'될 놈은 된다'라는 태도는 수동적이다. 운명에 나를 맡기고 기다리기만 한다고 이루어질 턱이 없다. 하지만 '하려는 태도'는 능동적이다. 운명을 만들기 위해 행동하는 것이다. 전자는 결과를 기다리지만 후자는 결과를 만든다. 당신은 어느 쪽인가? 될 때까지 기다리는 사람인가? 될 때까지 하는 사람인가?

얼마 전 한 해병대 신병교육대에서 두 명의 신병이 입대했다. A는 입대 전 운동을 많이 했다. 체력이 좋았고 자신감도 넘쳤다.

"나는 될 놈이야. 걱정 없어."

첫 주는 순조로웠다. 하지만 훈련이 힘들어지자 A는 달라졌다.

"이건 너무 힘들어. 안 될 것 같아."

포기하기 시작한 것이다.

"나는 이런 거 안 맞아."

A는 자신을 단정 내렸다.

B는 입대 전 운동을 거의 안 했다. 체력이 약했고 늘 불안했다. 하지만 B는 달랐다. "안 되면 될 때까지 하자." 첫 주는 지옥이었다. 턱걸이 하나도 못 하고 구보도 뒤처졌다. 모든 게 힘들었다. 하지만 포기하지 않았다. 매일 밤 팔굽혀펴기를 더 하고 쉬는 시간에 달리기를 했다.

"나는 될 놈이 아니라 하는 놈이 되겠어."

5주 후 수료식 날. A는 간신히 통과했고 B는 최우수 훈련병으로 선발됐다.

교관이 말했다.

"A는 될 놈이라고 생각했지만 안 됐어요. 포기했으니까요. B는 안 될 것 같았지만 됐어요. 포기하지 않았으니까요. 될 놈은 없습니다. 하는 놈만 있습니다."

운명은 만들어지는 것이다

사람들은 운명을 핑계 댄다. "나는 운이 없어", "나는 타고난 게 없어", "나는 집안이 가난해서". 운명 탓. 환경 탓. 조건 탓. 하지만 변명일 뿐이다. 운명은 정해진 게 아니다. 만들어지는 것이다. 당신의 선택으로. 태도로. 행동으로.

좋은 집안에서 태어나도 망하는 사람이 있고 어려운 환경에서도 성공하는 사람이 있다. 차이는 무엇인가? 운명이 아니라 의지다. 주어진 것을 탓하는 사람은 거기서 멈추지만 주어진 것으로 만드는 사람은 계속 나아간다. 운명은 변명이 될 수도 있고 출발점이 될 수도 있다. 그것을 결정하는 것은 태도다.

몇 년 전 한 대학생 C의 이야기다. C는 지방 공고 출신이었다. 주변에서 말했다.

"너 그 학교 나왔으면 대학도 힘들겠다."

실제로 수능 점수는 낮았다. 간신히 전문대에 입학했다. 하지만 C는 포기하지 않았다.

"나는 운명을 바꾸겠어."

C는 입대를 앞두고 2년 동안 편입 시험을 준비했다. 친구들이 놀 때, 그는 도서관 불이 꺼질 때까지 공부했다. 결국 그는 수도권 4년제 대학으로 편입에 성공했다. 군대에서도 마찬가지였다. "지방대 출신이 무슨 공부냐"는 말이 들려왔지만, 그는 흔들리지 않았다. 주어진 일을 묵묵히 해내며, 틈만 나면 책을 읽고 자격증 공부를 이어갔다.

전역 후에는 대학원 진학을 목표로 다시 공부를 시작했

고, 마침내 대기업 입사 면접장에 섰다. 면접관이 물었다.

"어려운 환경을 어떻게 극복했나요?"

C는 잠시 미소를 짓고 답했다.

"저는 운명을 믿지 않습니다. 주어진 걸 바꿀 수는 없지만, 주어진 걸 다르게 쌓아갈 수는 있다고 믿었습니다."

그 한마디에 면접관은 고개를 끄덕였다.

10년 후, 그는 같은 회사의 중간관리자가 되어 있었다. 그는 '될 사람'이 아니었다. '하려는 사람'이었다. 운명을 받아들이지 않고 스스로 만들어낸 사람. 의지가 그의 인생을 이겼다.

하루하루가 운명을 쓰는 펜이다

운명은 한 번에 결정되지 않는다. 하루하루 만들어진다. 오늘 당신이 한 선택이 내일의 당신을 만들고, 내일의 선택이 1년 후 당신을 만든다. 그리고 1년의 선택들이 10년 후 당신을 만든다. 운명은 먼 곳에 있지 않다. 오늘 지금 바로 이 순간에 있다.

'될 놈은 된다'라고 믿는 사람은 오늘을 대충 산다. "어차피 될 거야" 또는 "어차피 안 될 거야". 하지만 '하려는 태도'를 가진 사람은 오늘을 치열하게 산다. "오늘 뭘 할 수 있지?", "지금 뭘 해야 하지?"하며 매일 조금씩 앞으로 나아간다. 그렇게 쌓인 하루들이 운명이 된다.

최근 한 스타트업 신입사원 D의 이야기다. D는 특별한 스펙이 없었다. 지방대 출신에 평범한 이력서였다. 면접에서 떨어지기를 20번. 하지만 21번째에 합격했다. 입사 후에도 힘들었다. 동기들은 명문대 출신이 많았다. 능력도 뛰어나 보였다. D는 생각했다.

"나는 될 놈이 아니야. 하는 놈이 되자."

매일 1시간씩 더 일했다. 남들이 퇴근할 때 공부했다. 주말에도 책을 읽었다. 작은 일도 최선을 다했다. 6개월이 지나자 차이가 보이기 시작했다. D의 기획서는 점점 정교해졌고 D의 아이디어는 점점 창의적이었다. 무엇보다 D의 태도는 항상 성실했다. 그 결과 D는 신입 중에서 가장 먼저 프로젝트 리더가 됐다.

팀장이 말했다.

"D는 타고난 천재는 아니에요. 하지만 매일 노력하는 사람이에요. 하루하루 성장하는 모습을 보면 놀라워요. 스펙이 아니라 태도로 증명했어요."

D가 답했다.

"운명은 정해진 게 아니에요. 매일 쓰는 거예요. 저는 오늘도 제 운명을 쓰고 있어요."

'될 놈은 된다'라는 생각은 착각이다. 편한 변명이다. 확실한 실패의 길이다. 하지만 '하려는 태도'는 진실이고 힘든 선택이다. 하지만 확실한 성공의 길이다. 타고난 것은 중요하지 않다. 오늘 무엇을 하는지가 중요하다. 과거가 아니라 지금. 운명이 아니라 의지. 기다림이 아니라 행동. 그것이 당신을 만든다.

하루하루가 운명을 쓰는 펜이다. 오늘 선택한 일과 삶을 대하는 태도가 당신의 운명을 쓰고 있다. '될 놈은 된다'라고 기다리지 마라. '하는 놈이 된다'라고 믿고 움직여라. 운명은 기다리는 자의 것이 아니라 만드는 자의 것이다. 펜을 잡아라. 그리고 당신이 원하는 운명을 직접 써라. 누가 대신해 주지 않는다. 오직 당신만이 당신의 운명을 만들 수 있다.

'될 놈은 된다'는 태도가 아니라 '하려는 태도'. 운명이 아니라 의지가 사람을 만든다. 당신은 오늘 무엇을 하는가?

'될 놈은 된다'는 말은 가장 편한 변명이다. 세상에 '될 놈'은 없다. 있는 건 '하려는 사람'뿐이다. 운명은 주어지는 게 아니라 만들어지는 것이며, 재능보다 태도가 사람을 결정한다. 포기하지 않고 매일 움직이는 사람, 오늘의 선택으로 내일을 쓰는 사람이 결국 운명을 바꾼다. 하루하루가 운명을 쓰는 펜이다. 기다리지 말고, 탓하지 말고, 하라. '하려는 태도'가 운명을 만든다. 오늘 당신은 어떤 문장을 쓰고 있는가?

02.
긍정적 태도의 전염력

태도는 전염된다

태도는 바이러스처럼 전염된다. 좋은 태도뿐만 아니라 나쁜 태도도 마찬가지다. 한 사람의 부정적인 말 한마디가 팀 전체를 우울하게 만들고, 한 사람의 긍정적인 웃음 하나가 팀 전체를 밝게 만든다. 당신이 생각하는 것보다 당신의 태도는 주변에 훨씬 큰 영향을 미친다. 당신은 혼자가 아니다. 당신의 태도는 파동이 되어 퍼져 나간다.

부정적인 사람 옆에 있으면 나도 부정에 휩싸인다. "이거 될까?", "왜 이렇게 힘들어?", "회사가 문제야". 이런 말을 계속 들으면 자기도 모르게 부정적으로 바뀐다. 반대로 긍정적인 사람 옆에 있으면 나도 긍정적으로 된다. "해 보자!", "재밌겠는데?", "할 수 있어!". 이런 말을 들으면 자연스럽게 긍정적으로 바뀐다. 태도는 전염된다.

그래서 당신의 태도가 중요하다. 당신이 부정적이면 주변도 부정적으로 되고, 당신이 긍정적이면 주변도 긍정적으로 된다. 당신은 단순히 당신 한 사람이 아니라 조직의 공기를 만드는 사람이다. 당신의 웃음 하나 당신의 말 한마디가 팀의 분위기를 바꾼다.

얼마 전 한 육군 소대에서 있었던 일이다. 훈련이 특히 힘든 주였다. 모두가 지쳐 있었다. 그때 병사 A가 말했다.

"아, 진짜 미치겠다. 이거 언제 끝나. 이거 하는 의미가 뭐야?"

부정적인 말이 퍼지기 시작했다.

"맞아. 너무 힘들어."

"이거 해서 뭐해."

"진짜 의미 없어."

소대 전체가 무기력해졌다. 한 사람의 부정이 전체를 감염시켰다.

같은 부대 다른 소대도 똑같이 힘든 훈련을 했다. 병사 B가 말했다.

"힘들지만 그래도 할 만한데? 우리 잘하고 있어. 조금만 더 하면 끝이야!"

긍정적인 말이 퍼지기 시작했다.

"맞아, 조금만 더!"

"우리 할 수 있어!"

"다 같이 힘내자!"

소대 전체가 활기를 띠었다. 한 사람의 긍정이 전체를 변화시켰다.

훈련이 끝나고 평가에서 B의 소대가 1등을 했다. 훈련 내용은 똑같았다. 능력도 비슷했다. 하지만 태도가 달랐다. 그 태도가 결과를 바꿨다. 대대장이 말했다.

"태도는 전염됩니다. A의 부정이 소대를 무너뜨렸고 B의 긍정이 소대를 일으켰습니다. 태도가 전부였습니다."

웃음 하나가 조직을 살린다

웃음은 강력하다. 작은 웃음 하나가 분위기를 바꾸고 큰 웃음 하나가 팀을 살린다. 힘든 상황에서도 웃을 수 있는 사람이 있으면 팀은 무너지지 않는다. 웃음은 희망이다. "아직 괜찮아", "우리 할 수 있어"라는 신호다. 그 신호가 팀 전체에 전염된다. 반대로 인상 쓰는 사람 하나가 팀을 병들게 한다. 항상 불만에 가득 차 있고, 항상 부정적인 그 사람이 있으면 팀 전체가 무거워진다. 아무리 좋은 일이 있어도 분위기가 가라앉는다.

최근 한 IT 스타트업이 자금 위기를 겪었다. 월급이 밀렸고 프로젝트는 엎어졌다. 미래가 불확실했다. 팀원 C는 매일 한숨을 쉬었다.

"우리 망하는 거 아니야?"

"이거 해서 뭐해?"

"이직 알아봐야겠어."

얼굴에는 항상 근심이 가득했다. 팀 분위기는 최악이었다. 다들 C의 부정에 감염됐다.

같은 회사 다른 팀도 같은 위기였다. 하지만 팀원 D는 달랐다.

"힘들지만 우리 할 수 있어. 이번 위기 이겨내면 더 강해질 거야!"

회의 시작 전에 농담을 던지고, 힘든 상황에서도 웃으

려 했다. 처음엔 어색했다.

"지금 웃을 상황이야?"

하지만 D의 긍정이 조금씩 퍼졌다. 한 명, 두 명, 팀 전체가 조금씩 밝아졌다.

6개월 동안 C의 팀은 절반이 이직했다. 하지만 D의 팀은 한 명도 떠나지 않았다. 오히려 더 단단해졌다. 그리고 새로운 프로젝트를 성공시켰다. 대표가 말했다.

"D의 웃음이 팀을 살렸어요. 한 사람의 긍정이 팀 전체를 바꿨습니다. 웃음이 진짜 힘입니다."

웃음 하나가 조직을 살린다. 작은 웃음이지만 큰 영향이다. 당신이 웃으면 옆 사람도 웃는다. 그 사람이 웃으면 또 다른 사람도 웃는다. 그렇게 웃음이 전염되면 조직 전체가 살아난다. 당신의 웃음을 아끼지 마라. 그건 당신만의 것이 아니라 팀 전체의 자산이다.

말 한마디가 공기를 바꾼다

조직의 공기는 말로 만들어진다. 어떤 말을 하느냐에 따라 공기가 무거워지기도 하고 가벼워지기도 한다. "이거 안 될 것 같은데"라는 말 한마디가 팀을 무겁게 만들고, "해 보자, 재밌겠다"라는 말 한마디가 팀을 가볍게 만든다. 말은 공기다. 당신이 내뱉는 말이 당신이 숨 쉬는 공기를 만든다.

부정적인 말을 하는 사람이 있으면 회의실 공기가 무거워진다. "이거 예산 부족해", "시간 없어", "인력도 부족한데". 그 한마디에 모두가 위축된다. 하지만 긍정적인 말을 하는 사람이 있으면 회의실 공기가 가벼워진다. "예산 내에서 할 수 있는 방법을 찾아보자", "시간은 부족하지만 할 수 있어", "우리 인력으로도 충분해". 그 한마디에 모두가 용기를 낸다.

최근 한 중견기업에서 어려운 프로젝트가 주어졌다. 회의실에 팀원들이 모였다. 팀원 E가 먼저 말했다.

"이거 진짜 어려운데? 3개월 안에 이걸 어떻게 해?"

회의실이 무거워졌다. 다들 고개를 숙였다.

"맞아, 이거 안 될 것 같은데."

"왜 우리 팀한테 이런 걸 줘?"

부정적인 말들이 오갔다.

30분 동안 아무 진전이 없었다.

그때 팀원 F가 말했다.

"어렵지만 재밌겠는데? 우리 이런 거 처음 해 보잖아. 잘하면 멋질 것 같은데?"

한 사람이 고개를 들었다.

"그러네. 도전해 볼 만한데?"

또 한 사람이 말했다.

"그래, 어차피 할 거면 잘해 보자!"

회의실 공기가 바뀌었다. 무거움이 가벼움으로. 부정이 긍정으로. F의 말 한마디가 회의실 공기를 완전히 바꿨다.

3개월 후 프로젝트는 성공했고 팀장은 F의 덕으로 돌렸다.

"F의 말 한마디가 전환점이었어요. 그 말 한마디가 팀의 태도를 바꿨고 태도가 결과를 바꿨습니다."

F가 답했다.

"저도 힘들었어요. 하지만 누군가는 긍정적인 말을 해야 한다고 생각했어요. 말 한마디가 공기를 바꾼다는 사실을 알았으니까요."

당신은 어떤 공기를 만들고 있는가? 무거운 공기인가, 가벼운 공기인가? 당신의 태도는 팀의 태도가 되고, 팀의 분위기가 되고, 조직의 문화가 된다. 그래서 당신의 태도가 중요하다. 힘든 상황에서도 웃어라. 어려운 순간에도 긍정적으로 말하라. 그 웃음이 전염되어 조직 전체를 바꿀 것이다. 당신이 그 시작이다.

긍정적 태도의 전염력. 웃음 하나, 말 한마디가 조직의 공기를 바꾼다. 당신은 오늘 어떤 공기를 만들고 있는가?

> 긍정은 혼자만의 감정이 아니라, 주변을 움직이는 힘이다. 한 사람의 웃음이 팀을 살리고, 한 사람의 말 한마디가 공기를 바꾼다. 태도는 바이러스처럼 전염된다. 부정은 빠르게 퍼지지만, 긍정은 더 멀리 간다. 힘든 상황일수록 긍정적인 사람이 필요하다. 웃는 사람, 해보자고 말하는 사람, 공기를 바꾸는 사람. 그 한 사람이 조직을 움직인다. 오늘도 기억하라―당신의 태도가 곧 팀의 분위기다. 당신이 미소 지을 때, 세상은 조금 더 밝아진다.

03.
비판을 대하는 자세의 품격

비판은 피할 수 없다

  살다 보면 비판을 피할 수 없다. 일을 하다가 비판받고, 앞서가도 먼저 간다고 비판받는다. 심지어 아무것도 안 해도 비판 받는다. 비판은 삶의 일부다. 문제는 비판 자체가 아니다. 비판을 어떻게 대하느냐가 문제다. 그리고 그 태도가 당신의 품격을 보여준다.

  어떤 사람은 비판받으면 즉시 방어한다. "내가 왜?", "내 잘못이 아닌데?", "그건 오해야". 변명하며 책임을 피한다. 그리고 상대를 공격한다. 비판하는 상대를 적으로 본다. 그래서 싸운다. 하지만 싸워서 이기면 무엇이 남는가? 관계는 깨지고 당신만 외로워진다.

반면 어떤 사람은 비판을 받으면 일단 듣는다. "왜 그렇게 생각하세요?", "제가 뭘 잘못했나요?", "어떻게 하면 좋을까요?". 귀 기울이고 이해하며 배우려 한다. 비판을 거울로 본다. 그래서 성장한다. 그리고 성장하면 무엇이 남는가? 신뢰가 쌓여 당신 주변에 사람이 모인다.

얼마 전 한 해병대 부대에서 훈련 평가가 있었다. 병사 A가 실수를 했다. 간부가 지적했다.

"이 부분이 잘못됐어. 다시 해 봐."

A는 즉시 반발했다.

"제가 왜요? 다른 애들도 그렇게 하는데요?"

방어적인 태도였다. 간부가 다시 설명했지만 A는 계속 변명했다.

"저는 제대로 했는데 간부님이 잘못 본 거 아니에요?"

결국 간부는 포기했다.

"그래, 네 맘대로 해."

같은 날 병사 B도 같은 부분에서 지적받았다.

"이 부분이 잘못됐어. 다시 해 봐."

B는 달랐다.

"죄송합니다. 어느 부분이 잘못됐나요?"

간부가 설명했다. B는 고개를 끄덕이며 들었다.

"아, 제가 이 부분을 놓쳤네요. 다시 해 보겠습니다."

그리고 정말 다시 했다. 제대로.

3개월 후 B는 모범 병사로 선발됐다. 간부가 말했다.

"A는 실력은 있는데 비판을 못 받아들여요. 그래서 성장이 없어요. B는 실력은 평범한데 비판을 잘 받아들여요. 그래서 계속 성장해요. 비판을 대하는 태도가 미래를 결정합니다."

비난과 비판을 구분하라

비판을 잘 받으려면 먼저 구분해야 한다. 비난과 비판은 다르다. 비난은 당신을 공격하는 것이고 비판은 당신을 돕는 것이다. 비난은 "너는 못 해", "너는 항상 그래", "너는 왜 그 모양이야" 식으로 인격을 공격한다. 하지만 비판은 "이 부분이 아쉬워", "이렇게 하면 더 좋을 것 같아", "다음엔 이렇게 해봐" 등으로 행동을 지적한다.

비난은 방어해야 한다. 그건 당신을 해치려는 것이기

때문이다. 하지만 비판은 받아들여야 한다. 그건 당신을 성장시키려는 것이기 때문이다. 문제는 많은 사람들이 이 둘을 구분하지 못한다는 것이다. 모든 지적을 비난으로 받아들인다. 그래서 모든 것을 방어한다. 그리고 배울 기회를 놓친다.

몇 년 전 한 대기업 신입사원 C의 이야기다. 팀장이 C의 보고서를 보고 말했다.

"이 부분 데이터가 부족한 것 같은데 보완해 줄 수 있어?"

객관적인 지적이었다. 하지만 C는 비난으로 받아들였다.

"제가 못 했다는 거예요?"

방어적으로 나왔다. 팀장이 당황했다.

"아니, 그게 아니라…"

C는 계속 변명했다.

"시간이 부족해서 그런 거예요. 다음부터는 잘할게요."

하지만 다음에도 똑같았다.

같은 팀 신입사원 D도 비슷한 지적을 받았다.

"이 부분 데이터가 부족한 것 같은데 보완해 줄 수 있어?"

D는 달랐다.

"아, 맞네요. 이 부분이 약하네요. 어떤 데이터를 추가하면 좋을까요?"

팀장이 조언했고 D는 메모하며 수정할 부분을 찾았다.

"감사합니다. 다음에는 이렇게 하겠습니다." 그리고 제대로 된 보고서를 제출했다.

예상대로 1년 후 D는 빠르게 성장했다. 팀장이 말했다.

"C는 비판을 비난으로 받아들여요. 그래서 방어만 하고 배우지 못해요. D는 비판을 배움으로 받아들여요. 그래서 계속 성장해요. 둘의 차이는 능력이 아니라 태도예요."

비난과 비판을 구분하라. 비난은 방어하되 비판은 받아들여라. 모든 지적을 공격으로 보지 마라. 어떤 지적은 당신을 위한 것이다. 그걸 구분할 수 있는 사람이 성장한다.

비판을 배움으로 바꾸는 품격

진짜 품격은 비판을 어떻게 대하는지에서 드러난다. 비판받았을 때 화내는가? 배우는가? 변명하는가? 고치는가? 상대를 탓하는가? 자신을 돌아보는가? 그 순간의 태도가 당신의 품격을 말해준다.

품격 있는 사람은 비판을 감사하게 받는다. 물론 기분 나쁠 수도 있다. 자존심이 상할 수도 있다. 하지만 그 순간을 견딘다. 그리고 생각한다. "이 사람이 나에게 뭘 말하려는 거지?", "내가 정말 잘못한 게 있나?", "여기서 뭘 배울 수 있지?". 비판을 배움의 기회로 바꾼다. 그게 품격이다.

최근 한 스타트업 대표 E의 이야기다. 중요한 투자 PT에서 실패했다. 투자자가 냉정하게 피드백했다.

"비전은 좋은데 실행 계획이 부족해요. 시장 분석도 약하고 재무 계획도 불안정해요."

직설적인 지적이었다. E는 충격을 받았다. 6개월 노력이 한순간에 무너진 기분이었다.

E는 선택의 순간에 있었다. 화를 낼 수도 있었다. "저 사람이 뭘 알아?" 변명할 수도 있었다. 하지만 E는 달랐다. 집에 돌아와서 투자자의 말을 하나하나 적었다. '비전-좋음. 실행 계획-부족. 시장 분석-약함. 재무 계획-불안정.' 그리고 3개월 동안 이 부분들을 완전히 보완했다.

다시 투자 PT를 갔다. 다른 투자자였다. 이번에는 달랐다. 실행 계획은 구체적이었고 시장 분석은 탄탄했다. 재무 계획은 현실적이었다. 투자자가 물었다.

"어떻게 이렇게 완벽하게 준비했어요?"

E가 답했다.

"이전 투자자의 비판 덕분입니다. 처음엔 기분 나빴지만 그분이 옳았어요. 비판을 배움으로 바꿨습니다."

성공적인 투자 PT였다.

비판을 배움으로 바꾸는 것이 품격이다. 쉽지 않다. 자존심도 상하고 기분도 나쁘다. 하지만 그 순간을 넘어서는 사람이 성장한다. 비판은 적이 아니라 스승이다. 그걸 아는 사람이 결국 이긴다. 비난과 비판을 구분 못 하는 사람은 성장이 없고 구분하는 사람은 계속 성장한다. 비판을 적으로 보는 사람은 외로워지고 스승으로 보는 사람은 성장한다.

비판을 대하는 자세의 품격. 비난은 방어로, 비판은 배움으로 바꾸는 태도. 당신은 성장하고 있는가?

비판은 피할 수 없지만, 대하는 태도는 선택할 수 있다. 즉시 방어하는 사람은 멈추고, 일단 듣는 사람은 성장한다. 비난은 상처를 남기지만, 비판은 배움을 남긴다. 그것을 구분할 줄 아는 사람이 품격 있는 사람이다. 자존심을 누르고 귀 기울일 때, 비판은 공격이 아니라 선물이 된다. 품격은 실력보다 먼저 드러난다. 비판 앞에서의 태도가 당신의 수준을 결정한다. 방어 대신 배움을, 변명 대신 성장을 선택하라. 비판을 품격 있게 받아들이는 사람이 결국 멀리 간다.

04.
감사하는 태도가 만드는 기회

감사는 태도가 아니라 능력이다

많은 사람이 착각한다. 감사는 좋은 일이 생겼을 때 느끼는 감정이라고. 하지만 그건 반응일 뿐이다. 진짜 감사는 태도다. 아니, 더 정확히 말하면 능력이다. 어떤 상황에서도 감사할 거리를 찾아내는 능력. 힘든 순간에도 고마운 것을 발견하는 능력. 평범한 일상에서 특별함을 느끼는 능력. 그게 진짜 감사다.

감사하는 사람과 감사하지 않는 사람은 같은 상황을 완전히 다르게 본다. 감사하지 않는 사람은 불평한다. "왜 이것밖에 안 돼?", "다른 사람은 더 받는데", "이건 당연한 거잖아". 항상 부족함을 본다. 반면 감사하는 사람은 발견한다. "이것도 있네", "이렇게 해 주셔서 감사해", "이게 당연한 게 아니구나". 항상 충분함을 본다.

그리고 신기한 일이 벌어진다. 감사하는 사람 주변에는 기회가 모인다. 사람들이 돕고 싶어 하고 좋은 일이 생긴다. 기회의 문이 열린다. 반대로 감사하지 않는 사람 주변에서는 기회가 사라진다. 사람들이 멀어지고 기회의 문이 닫힌다. 왜 그럴까? 감사는 기적을 불러오는 가장 조용한 능력이기 때문이다.

얼마 전 한 육군 부대에서 두 명의 병사가 있었다. A는 불평이 많았다. "밥이 왜 이래?", "훈련 왜 이렇게 많아?", "휴가는 왜 이렇게 짧아?". 매일 불만이었다. 간부들도 동기들도 A를 피했다. "저 친구랑 있으면 피곤해." 기회가 왔을 때도 A는 선택받지 못했다. "A는 빼고 다른 사람 뽑자."

B는 감사가 많았다. "오늘 밥 맛있네", "훈련 덕분에 체력이 좋아졌어", "짧지만 휴가 갈 수 있어서 감사해". 작은 것에도 고마워했다. 간부들도 동기들도 B를 좋아했다.

"저 친구랑 있으면 기분이 좋아." 기회가 왔을 때 B는 항상 선택받았다. "B는 꼭 넣자. 저 친구 태도가 좋아."

전역할 때도 A는 혼자였다. 아무도 연락처를 교환하지 않았다. B는 달랐다. 간부들도 동기들도 B와 연락하고 싶어 했다. 그리고 전역 후 B에게 일자리 제안이 왔다. 군대에서 함께했던 간부가 추천한 것이었다.

"그 친구 태도가 좋아서요. 감사할 줄 아는 사람은 어디서든 환영받습니다."

감사하는 태도가 기회를 만든 것이다.

감사는 조용하지만 강력하다

감사는 크고 화려하지 않다. 조용하다. 작은 말 한마디. 짧은 메시지 하나. 진심 어린 눈빛 하나. 그게 전부다. 하지만 그 작은 것에 강력한 힘이 있다. 사람의 마음을 움직이고 관계를 바꾼다. 그리고 또 다른 기회를 만든다.

누군가에게 "감사합니다"라고 말하는 영향력이 얼마나 큰지 아는가? 그 말 한마디가 그 사람의 하루를 바꾸고 당신을 기억하게 만든다. 그리고 그 기억이 나중에 기회로 돌아온다. 감사는 투자다. 당장 보이지 않지만 나중에 배가 되어 돌아온다. 예상치 못한 방식으로. 예상치 못한 시기에.

몇 년 전 한 대학생 C의 이야기다. C는 학교 식당에서 아르바이트했다. 힘든 일이었다. 하지만 C는 항상 식당 아주머니들에게 감사를 표했다. "아주머니 오늘도 고생하셨어요", "덕분에 맛있게 먹었어요", "항상 감사합니다". 작은 인사말이었다. 하지만 아주머니들은 기억했다.

졸업을 앞두고 C는 취업 준비로 힘들었다. 어느 날 식당에서 밥을 먹는데 한 아주머니가 다가왔다.

"학생, 요즘 힘들어 보이네?"

C가 답했다.

"네, 취업 준비가 쉽지 않아서요."

아주머니가 말했다.

"우리 아들이 회사 다니는데 거기서 사람 뽑는다던데. 이력서 줘 봐. 전해 줄게."

C는 놀랐다.

"정말요? 감사합니다!"

아주머니가 웃으며 말했다.

"항상 고맙다고 말해 주는 학생은 너뿐이었어. 그런 학생은 어디 가도 잘할 것 같아."

2주 후 C는 면접을 봤고 합격했다. 면접관이 아주머니 아들이었다.

"어머니가 학생 얘기를 많이 하셨어요. 감사할 줄 아는 사람이라고. 우리 회사에 필요한 사람입니다."

C는 작은 감사를 표했을 뿐이다. 크게 특별한 것도 아니었다. 하지만 그 작은 감사가 기회를 만들었다. 감사는 조용하지만 강력하다. 기적을 불러온다. 예상치 못한 방식으로.

감사는 순환한다

감사는 일방통행이 아니다. 순환한다. 당신이 감사하면 상대방도 감사하고, 상대방이 감사하면 또 다른 사람도 감사한다. 그렇게 감사가 돌고 돌아 결국 당신에게 돌아온다. 그게 감사의 법칙이다. 당신이 뿌린 감사는 반드시 당신에게 돌아온다.

감사하는 사람은 결국 감사를 받는다. 사람들이 그 사람을 돕고 싶어 하고 기회를 주고 싶어 한다. 감사하는 사람 옆에 있으면 기분이 좋기 때문이다. 내가 한 일이 인정받는 느낌, 내가 소중하게 여겨지는 느낌이 사람을 끌어당긴다.

최근 한 IT 스타트업 신입사원 D의 이야기다. D는 스펙은 평범했다. 하지만 한 가지 특별한 게 있었다. 감사를 많이 했다. 선배가 조언해 주면 "정말 감사합니다. 큰 도움이 됐어요". 동료가 도와주면 "덕분에 잘 끝냈어요. 고마워요"라며 사소한 일에도 감사를 표했다.

처음엔 "너무 오버하는 거 아니야?"라는 반응도 있었다. 하지만 시간이 지나자 달라졌다. 사람들이 D를 좋아했다.

"D랑 일하면 기분이 좋아."

"D는 내가 한 일을 알아줘."

프로젝트팀을 꾸릴 때마다 D를 원했다.

"D는 꼭 우리 팀에 넣어 줘."

1년 후 큰 프로젝트 리더를 뽑을 때였다. 신입 중에서는 이례적으로 D가 선택됐다. 팀장이 말했다.

"D는 실력도 있지만 그것보다 태도가 좋아요. 감사할 줄 알아요. 그런 사람이 리더가 되면 팀이 행복해져요. 감사는 전염되거든요."

실제로 D가 리더가 된 팀은 분위기가 가장 좋았다. D가 팀원들에게 감사하고 팀원들도 서로 감사했다. 그렇게 감사가 순환했다.

2년 후 D는 승진했다. 대표가 말했다.

"D는 감사를 아는 사람입니다. 감사는 기회를 만듭니다. D 주변에는 항상 사람이 모이고 기회가 생기지요. 그게 감사의 힘입니다."

당신이 감사하면 세상도 당신에게 감사한다. 당신이 뿌린 감사는 언젠가 기회가 되어 돌아온다. 예상하지 못한 시간에 예상하지 못한 방식으로. 그래서 감사는 투자다. 가장 확실한 투자.

당신은 얼마나 자주 "감사합니다"라고 말하는가? 작은 것에도 감사하라. 당연한 것도 감사하라. 사소한 것도 감사하라. 그 감사가 쌓여 당신의 태도가 되고 그 태도가 기회를 만든다. 그리고 그 기회는 당신의 미래를 만들 것이다. 감사는 기적을 불러온다.

감사하는 태도가 만드는 기회. 감사는 기적을 불러오는 가장 조용한 능력이다. 당신은 오늘 무엇에 감사하는가?

감사는 감정이 아니라 태도이며, 더 나아가 능력이다. 불평 대신 고마움을 찾는 사람, 당연한 것에도 감사할 줄 아는 사람에게는 기회가 모인다. 감사는 조용하지만 강력하다. 작은 말 한마디, 진심 어린 인사가 관계를 바꾸고 문을 연다. 감사는 순환한다. 당신이 감사를 전하면 언젠가 그것이 기회로 돌아온다. 세상은 감사할 줄 아는 사람에게 호감을 느끼고, 돕고 싶어 한다. 오늘의 감사가 내일의 기회를 만든다. 감사는 기적을 부르는 가장 조용한 능력이다.

05.
겸손함이라는 고귀한 태도

진짜 강한 사람은 자랑하지 않는다

세상에는 두 종류의 강한 사람이 있다. 자신의 강함을 계속 말하는 사람과 말하지 않아도 저절로 드러나는 사람. 전자는 불안해서 증명하려 하고 후자는 확신이 있어서 증명할 필요가 없다. 진짜 강한 사람은 자랑하지 않는다. 자신의 가치를 알기 때문이다.

능력 있는 사람들을 보면 공통점이 있다. 겸손하다. 성공할수록 더 낮아지고 높이 올라갈수록 더 조심스러워진다. 왜? 그들은 안다. 혼자 여기까지 온 게 아니라는 사실을. 많은 사람의 도움이 있었고 운도 따랐다. 그래서 교만해질 수 없다. 감사할 뿐이다.

반면 허세 부리는 사람들을 보면 공통점이 있다. 교만하다. 작은 성공에도 크게 떠들고 약간 올라가도 우쭐댄다. 조금 알면 다 아는 척한다. 왜? 그들은 불안하기 때문이다. 자신의 가치가 확실하지 않아서 계속 증명하려 한다. 하지만 그럴수록 초라해 보인다. 진짜는 말하지 않아도 빛나기 때문이다.

얼마 전 한 해병대 부대에서 우수 병사 두 명이 선발됐다. A는 선발되자마자 자랑했다. "내가 우수 병사 됐어! 역시 나는 달라." 생활관이나 식당 어디에서든지 말했다. 후임들에게도 "나처럼 해 봐"라며 가르쳤다. 하지만 후임들은 A를 피했다. "저 선임 너무 거만해."

B는 달랐다. 우수 병사가 됐지만 조용했다. "운이 좋았어. 다들 도와줘서 가능했어." 후임들이 축하하면 "고마워. 너희 덕분이야"라고 답했다. 평소와 똑같이 행동했다. 겸손했다. 후임들은 B를 더 존경했다. "저 선임 정말 멋있어. 겸손하니까 더 멋져."

3개월 후 부대에서 특별 임무를 수행할 병사를 뽑을 때였다. 간부들이 모여 논의했다.

"A는 능력은 있는데 교만해요. B는 능력도 있고 겸손해요."

결정은 명확했다. B가 선택됐다. 중대장이 말했다.

"진짜 강한 사람은 자랑하지 않습니다. 겸손함이 진짜 힘입니다."

높이 날수록 낮게 엎드려라

비행기는 높이 날수록 조심한다. 착륙할 때 가장 신중하다. 한 번의 실수가 치명적이기 때문이다. 사람도 마찬가지다. 높이 올라갈수록 더 조심해야 하고 성공할수록 더 겸손해야 한다. 한 번의 교만이 모든 것을 무너뜨릴 수 있어서다.

높은 자리에 오른 사람들의 공통된 실수가 있다. 교만이다. "내가 여기까지 왔어", "나는 특별해", "나는 다른 사람들과 달라"라며 자신의 능력을 과신하고 다른 사람을 무시한다. 조언은 듣지도 않는다. 그리고 무너진다. 역사가 증명한다. 교만은 패망의 지름길이다.

몇 년 전 한 중견기업에서 젊은 팀장 C가 탄생했다. 30

대 초반의 나이에 팀장이 된 것이다. 회사 역사상 최연소였다. C는 자랑스러웠다. 그리고 교만해졌다. 회의 때 부하 직원들 의견을 무시했다.

"내가 팀장이야. 내 방식대로 해."

선배들 조언도 듣지 않았다.

"나는 달라요. 새로운 방식으로 할 거예요."

6개월 후 C의 팀은 최악이 됐다. 프로젝트는 실패했고 팀원들은 이직했다. 분위기는 엉망이었다. C는 책임을 지고 강등됐다. 대표가 말했다.

"능력이 있어서 팀장을 시켰는데 교만 때문에 무너졌어요. 높아질수록 낮춰야 하는데 높아지니까 하늘 무서운 줄 모르더군요."

같은 시기에 다른 부서 팀장 D도 최연소 승진이었다. 하지만 D는 달랐다.

"제가 부족한 게 많습니다. 많이 가르쳐 주세요."

팀원들 의견을 경청했고 선배들에게 자주 조언을 구했다. 겸손한 자세는 시간이 지날수록 더 높아졌다. 2년 후 그는 이사가 됐다. 대표가 말했다.

"D는 높이 날수록 낮게 엎드렸어요. 그래서 더 멀리 갔습니다."

높이 날수록 낮게 엎드려라. 성공할수록 겸손하라. 올라갈수록 조심하라. 그게 오래가는 비결이다. 교만은 빠르게 올라가게 하지만 더 빠르게 떨어뜨린다. 겸손은 천천히 올라가게 하지만 오래 서 있게도 한다.

겸손은 약함이 아니라 지혜다

사람들은 겸손을 약함으로 착각한다. "너무 겸손하면 무시당해", "자신감을 보여야지", "당당해야 해"라고. 하지만 착각이다. 겸손은 약함이 아니다. 지혜다. 자신의 한계를 아는 것. 다른 사람의 가치를 인정하는 것. 배울 게 항상 있다는 것을 아는 것. 그게 겸손이고 지혜다.

진짜 강한 사람이야말로 겸손할 수 있다. 왜? 자신이 이미 강하다는 걸 알기 때문이다. 증명할 필요가 없다. 반면 약한 사람은 교만해진다. 왜? 자신이 약하다는 게 불안해서 강한 척해야 하기 때문이다. 겸손은 강함에서 나오고 교만은 약함에서 나온다.

최근 한 스타트업에서 신입사원 E와 F가 입사했다. 둘 다 명문대 출신에 뛰어난 스펙이었다. 하지만 태도가 달랐다. E는 자신감이 넘쳤다. "저 이런 거 학교에서 많이 했어요", "이 정도는 쉽지요", "제가 알아서 할게요". 선배들이 조언해도 "네, 알고 있어요"라며 듣지 않았다.

F는 겸손했다. "처음 해 보는 거라 어려워요", "잘 모르는데 알려주시겠어요?", "배울 게 많네요". 선배들이 조언하면 메모하며 들었다. "감사합니다. 정말 도움이 돼요."

E는 F를 보며 생각했다.

"너무 약해 보이는데. 저렇게 해서 되나?"

3개월 후 그 둘의 차이는 컸다. E는 실수가 잦았다. 자신감이 넘쳐서 조언을 듣지 않았고, 그래서 같은 실수를 반복했다. 선배들도 E를 피했다.

"조언해도 안 들어. 알아서 하라고 하자."

반면 F는 빠르게 성장했다. 선배들의 조언을 흡수해 실수를 줄였고, 실력이 늘었다. 선배들도 F를 챙겼다.

"F는 배우려는 자세가 있어. 더 가르쳐주고 싶어."

1년 후 F는 주요 프로젝트 리더가 됐지만 E는 여전히 신입 업무만 했다. 대표가 말했다.

"E는 자신감은 있는데 배우려는 자세가 없어요. F는 겸손해서 배워가려고 하지요. 겸손은 약함이 아니라 지혜에요. 그 지혜가 F를 성장시켰어요."

겸손은 약함이 아니다. 지혜다. 배울 수 있는 자세. 인정할 수 있는 용기. 낮아질 수 있는 힘. 그게 겸손이고 진짜 강함이다. 교만한 사람은 빨리 올라가지만 빨리 떨어진다. 겸손한 사람은 천천히 올라가지만 멀리 간다.

겸손함이라는 고귀한 태도. 이것은 약함이 아니라 강함이고, 낮음이 아니라 높음이다. 후퇴가 아니라 전진이다. 그래서 진짜 강한 사람은 겸손하다. 진짜 높은 사람은 낮다. 진짜 멀리 가는 사람은 조심스럽다. 자랑하지 말고 감사하라. 가르치려 하지 말고 배우려 하라. 강한 척하지 말고 진짜 강해져라. 그것이 멀리 가는 길이다. 그것이 오래 서 있는 비결이다.

겸손함이라는 고귀한 태도. 높이 날수록 낮게 엎드릴 줄 아는 사람이 멀리 간다. 당신은 얼마나 겸손한가?

겸손은 약함이 아니라 강함이다. 진짜 강한 사람은 자신을 증명하려 하지 않는다. 높이 올라갈수록 낮아지고, 성공할수록 조심스러워진다. 왜냐하면 혼자 이룬 게 아니라는 걸 알기 때문이다. 겸손한 사람은 배운다. 교만한 사람은 멈춘다. 겸손은 지혜이고, 교만은 방심이다. 말하지 않아도 드러나는 힘, 그게 겸손이다. 자랑하지 말고 감사하라. 가르치려 하기보다 배우려 하라. 겸손은 오래 가게 하는 힘이고, 진짜 강함의 증거다. 높이 날수록 낮게 엎드리는 사람, 그 사람이 끝까지 남는다.

에필로그
태도는 인격의 얼굴이다

당신은 이미 알고 있다. 어떤 사람들은 말 한마디 없이도 공간을 밝게 만들고 어떤 사람들은 아무 말도 하지 않았는데 공기가 무겁게 가라앉는다는 사실을. 그 차이는 학벌에서 오지 않는다. 스펙에서 오지도 않는다. 그건 바로 '태도의 향기'에서 온다.

지금 이 순간에도 당신은 누군가에게 어떤 향기로 기억되고 있다. 따뜻한 봄바람 같은 사람일까? 차가운 겨울바람 같은 사람일까? 그건 당신이 얼마나 똑똑한지가 아니라 얼마나 따뜻한지로 결정된다. 태도는 눈에 보이지 않지만 사람의 존재감을 결정짓는 묘한 힘을 가지고 있다. 그 힘은 연기로 꾸며지는 게 아니라 평소의 생각과 습관이 만들어내는 자연스러운 빛이다.

인성은 하루아침에 만들어지지 않는다. 작은 선택들이 쌓여 만들어진 탑이다. 누군가 보지 않을 때도 약속을 지키는 마음. 불리한 상황에서도 바른길을 택하는 용기. 힘들어도 예의를 잃지 않는 단단함. 이런 것들이 하나둘 쌓여서 인성이라는 이름으로 완성된다. 이것은 시험 점수로 증명할 수 없다. 자소서에 쓸 수도 없다. 하지만 결국 사람을 평가하는 마지막 잣대는 바로 이것이다.

 군대, 학교, 회사에서 수많은 사람이 비슷한 일을 해도 결과가 달라지는 이유는 하나다. 그 일에 임하는 태도와 마음의 자세가 다르기 때문이다. 겉으로는 작은 차이 같지만 그 차이는 인생의 깊이를 결정짓는다. 진짜 강한 사람은 큰 소리를 내지 않는다. 그들은 자신 안의 기준으로 움직인다. 누가 보거나 알아주지 않아도, 자기 마음의 중심을 잃지 않는다. 그게 바로 인성의 근육이다.

헬스장에서 기르는 근육은 보이지만 인성의 근육은 보이지 않는다. 하지만 그 근육이야말로 진짜 삶을 버티게 하는 힘이다. '잘하는 사람'보다 '바른 사람'이 오래가고, '똑똑한 사람'보다 '따뜻한 사람'이 신뢰받는다. 실력이 조금 부족해도 태도가 좋은 사람은 계속 기회를 받는다. 하지만 실력이 뛰어나도 태도가 나쁜 사람은 결국 외면당한다. 당신이 뿌린 태도는 언젠가 당신이 받을 대접이 된다. 이것은 도덕책 같은 이야기가 아니라, 인생을 살아본 사람들이 모두 고개를 끄덕이는 진짜 현실이다.

태도는 머리의 각도가 아니라 마음의 각도다. 조금 더

낮추면 배움이 시작되고, 조금 더 높이면 오만이 시작된다. 머리는 계산하고 마음은 공감한다. 진짜 인생의 방향은 머리가 아니라 마음의 각도로 정해진다. 당신이 어디를 보고 서 있는지 무엇을 향해 걷고 있는지는 결국 마음이 결정한다.

  우리는 모두 누군가의 거울이 된다. 당신의 태도는 누군가의 희망이 되고 당신의 인성은 누군가의 믿음이 된다. 당신이 힘들 때 포기하지 않는 모습은 후임에게 용기가 되고 당신이 부당함 앞에서도 바르게 서 있는 모습은 후배에게 기준이 된다. 당신이 생각하는 것보다 훨씬 많은 사람이 당신을 보고 있다. 그래서 삶은 언제나 '마음의 방향'을 묻는다. 당신의 마음이 향하는 곳이 곧 당신의 인생이기 때문이다.

　세상은 결국 이런 사람을 기억한다. 성공이 아닌 '신뢰'로 이름을 남기는 사람. 결과보다 과정을 중요하게 여긴 사람. 그리고 힘들 때일수록 품격을 잃지 않은 사람. 그들은 증명하려 하지 않아도 이미 증명된 사람들이다. 그들의 삶이 바로 인성의 깊이가 만든 가장 아름다운 작품이라서 그렇다.

　이 책을 덮는 순간 당신에게 묻고 싶다. 당신은 어떤 사람으로 기억되고 싶은가? 능력 있는 사람? 성공한 사람? 아니면 좋은 사람? 정답은 없다. 하지만 분명한 사실은 세상은 실력으로 시작해 태도로 완성되고 인성으로 기억된다는 점이다.

태도와 인성은 카피 되지 않는다. 그건 당신만이 가진 고유한 빛이자, 평생을 걸쳐 만들어야 할 당신 인생의 브랜드다. 화려한 스펙은 누군가를 놀라게 할 수 있지만 따뜻한 태도는 누군가를 움직이게 한다. 뛰어난 능력은 순간을 빛나게 하지만 깊은 인성은 평생을 빛나게 한다.

기억하라. 당신이 서 있는 자리에서 당신이 하는 작은 선택 하나하나가 당신이라는 사람을 만든다는 점을. 그러니 머리로 계산하지 말고 마음으로 선택하라. 보여주기 위해 움직이지 말고 옳다고 믿는 대로 움직여라. 그렇게 쌓인 하루하루가 결국 당신의 얼굴이 되고 당신의 이름이 되어 인생으로 완성될 것이다.

세상이 당신에게 무엇을 요구하든 당신은 당신만의 태

도로 답하라. 그것이 진짜 당신이고 그것만이 카피 되지 않는 당신만의 경쟁력이다.

태도는 인격의 얼굴이다. 그리고 당신의 얼굴은 세상에서 가장 아름답게 빛날 자격이 있다.

태도는 인격의 얼굴이다.
그리고 당신의 얼굴은, 세상에서 가장 아름답게 빛날
자격이 있다.

태도는 카피가 안 된다

AI시대, 당신만의 진짜 경쟁력

초판1쇄 : 2025년 11월 21일
초판4쇄 : 2025년 12월 17일
—

지은이 : 김을호
펴낸이 : 김채민
펴낸곳 : 힘찬북스
—

북 코디네이터 : 유윤주
—

주 소 : 서울특별시 마포구 모래내3길 11
　　　　　 상암미르웰한올림오피스텔 214호
전 화 : 02-2227-2554
팩 스 : 02-2227-2555
메 일 : hcbooks17@naver.com
—

※ 이 책은 저작권법의 보호를 받는 저작물이므로
　 무단전재와 복제를 금합니다.
※ 잘못된 책은 구매하신 곳에서 교환해 드립니다.
※ 값은 표지에 있습니다.
—

ISBN 979-11-90227-65-0 03190 © 2025 by 김을호